KILL

YOUR

SELF

Der globale Suizid

Autor

Kevin Otten wurde am 11.11.1993 in Neuss geboren. Neben seiner Tätigkeit als Zeichner im Ladenbau, widmet er sich dem Modedesign. Die Ergebnisse seiner Arbeit präsentiert er auf seinem Instagram-Kanal namens "psy.kho". Im Jahr 2018 schlug er den Weg des Veganismus ein, was ihn zur Veröffentlichung seines ersten Buchs inspirierte. Als Erdenbewohner fühlt er sich verantwortlich, einen Beitrag zum Schutz unseres Planeten zu leisten.

Für Sophie Marie Schumacher.

Inhaltsverzeichnis

Kapitel 1 - Intention

Fettaugen starren mich an. Der Gestank toter Lebewesen dominiert das Geschehen. Ich starre zurück. Mäßig drapiert warten Leichenteile auf ihre Beilagen. Das Selbstmordkommando lässt sich nieder. Hoffnung auf wenig Gemüse oder Salat mache ich mir nicht. Messer durchtrennen Fasern. Blut tritt aus. Meine Befürchtung, die Soßen der Beilagen könnten mit Joghurt oder Sahne vergiftet sein, trifft zu. Stumpfe Zähne versuchen mühsam Gewebe zu zerkleinern. Das Vorhaben wird schnell aufgegeben und das Fleisch herunter geschlungen. Mein Teller wird die Spülmaschine heute nicht besuchen, aber das ist nicht so schlimm. Ich habe bereits vorab gespeist. Zum Essen würde ich eh nicht kommen, da schon bald ein vertrauter Sturm über mich hinwegfegen wird.

Vorhin noch den Hund gestreichelt, nun reißt dieselbe Hand das Fleisch vom Knochen. Wie würden sie wohl reagieren, wenn ich just in diesem Moment den Hund auf den Grill schmeiße? Eine rhetorische Frage. Serviere ich Fleisch und verschweige ihnen, dass dieses vom Hund stammt, würden sie es sich genüsslich in ihre Münder stopfen. Die Enthüllung wäre ein Skandal, welcher eine starke Diffamierung meines Ansehens zur Folge hätte. Selbstverständlich stellt die Ermordung der Tiere, die den perversen Namen „Nutztiere" tragen, kein ethisches

Problem dar. Diese Logik erschließt sich mir nicht. Begriffe wie dumm, ignorant, grausam und ekelhaft betiteln sehr treffend die Ernährungsform des Durchschnittsmenschen. Wie kann einem seine eigene Gesundheit und die der Umwelt egal sein?

Angewidert wandert mein Blick umher. Die Menschen gezeichnet von den Gräueltaten. Purpurne Köpfe verschmelzen mit voluminösen Körpern. Fettige, unreine Haut spannt sich über aufgequollene Gesichter. Die Milchtitten der männlichen Kandidaten wippen bei jedem Atemzug. Der Sog nach Sauerstoff, ein Kraftakt. Optisch repräsentiert keiner sein reales Alter. Imaginär öffne ich einen der verformten Körper. Eine stolze Krebszellen-Sammlung sowie einige Gallensteine erregen meine Aufmerksamkeit. Organe ächzen unter der Last des Fettes. Gleiches Leid teilen die entzündeten Gelenke. Mühsam pumpt das Herz gegen die verengten Venen an. Lange hält es der Belastung nicht mehr stand.

„Warum isst du denn nichts?" Eine dumpfe Stimme klingt von weit her. Ich ignoriere sie. Wer wird wohl zuerst sterben? Vor allem an welcher Krankheit? „Hast du keinen Hunger?" Die Stimme wird klarer. Bei einigen bin ich sicher, dass entweder ein Infarkt oder Schlaganfall sie hinrichten wird. „Greif zu." Die Stimme reißt mich aus meinen Gedanken. Ein Arm hält mir eine mit Fleisch gefüllte Schüssel entgegen. Am Ende des Arms lächelt mich der Besitzer der Stimme an. „Nein danke, ich ernähre mich vegan." Stille. Das Lächeln erlischt. Vegan. Über dem Tisch schwebt das Wort, spiegelt sich in den glasigen Augen der Anwesenden. Noch durchbohren mich nur ihre Blicke, primitive Sprüche werden folgen. Nun geht es also wieder los.

Die neutrale zur Kenntnisnahme und Rückkehr zum ursprünglichen Gesprächsthema ist die Reaktion, die ich von einem gebildeten, modernen Menschen unserer Zeit erwarte. Davon abgesehen sollte dieser bereits im Pflanzen-Team spielen, um seiner Bezeichnung gerecht zu werden. Leider erfahre ich die gewünschte Reaktion nur sehr selten. Stattdessen werde ich häufig verurteilt und mit negativer Kritik konfrontiert, sobald das gefürchtete „V-Wort" meine Lippen verlassen hat. Eine umfangreiche Diskussion ist daher unausweichlich.

Veganer*innen haben sich in der Regel intensiv mit dem Thema Ernährung auseinandergesetzt. Der Durchschnittsmensch hingegen teilt mit seinen Artgenossen ein überschaubares Halbwissen, welches auf den Empfehlungen und Werbeslogans von Staat und Industrie basiert. Sie sind daher gut beraten ihre Ohren zu spitzen, wenn ein*e Veganer*in das Wort ergreift. Zuhören und das gelernte Wissen rational verarbeiten und vor allem daraus resultierend seine Meinung zu korrigieren, zählt leider selten zu deren Stärken. Warum unternehmen sie überhaupt den naiven Versuch, sich gegen einen Experten zu behaupten? Selbst wenn sie von ihrem minderwertigen Halbwissen überzeugt sind und den Veganismus verachten, warum ist es ihnen so wichtig mich zu bekehren? Ihnen sollte es egal sein was ich esse und trotzdem werde ich mit Wörtern wie „extrem" und „unnatürlich" konfrontiert. Sklaverei, Massenmorde und Umweltzerstörung, die in der Gesellschaft etabliert und als normal deklariert sind, entsprechen selbstverständlich nicht einem extremen Lifestyle.

Das Gespräch ist mittlerweile fortgeschritten. Die obligatorischen Argumente sind bereits gefallen. Mein Skelett ist auf Milch angewiesen, ohne Fleisch erleide ich einen Nährstoffmangel, ich raube den armen Tieren die Nahrung, die Evolution haben wir dem Fleisch zu verdanken usw. Alle Argumente habe ich mit wissenschaftlichen Belegen entkräftet, doch du ignoranter Sturkopf bleibts deiner Meinung treu und holst zum alles entscheidenden Gegenstoß aus. Vitamin B12. Siegessicher erklärst du dessen einzige Quelle wäre ausschließlich tierischen Ursprungs, womit du endgültig die Notwendigkeit des Tierkonsums beweisen willst. Ich kann da nur mit den Augen rollen. Wie bereits erwähnt bin ich der Experte. Definition und Funktion von B12 sind dir mit Sicherheit nicht geläufig.

Die meisten Menschen ernähren sich sehr einseitig und zudem noch häufig von industriell verarbeiteten Lebensmitteln. Von denen ist keiner darauf bedacht, für einen reich gefüllten Nährstoffhaushalt zu sorgen. All diese Menschen, die Obst und Gemüse chronisch meiden, wollen mir erzählen, dass ich an einem immensen Nährstoffmangel leide. Diese Paradoxie kann auch dir nicht verborgen bleiben.

Ein kulinarisches Genusserlebnis assoziieren die wenigsten mit veganen Gerichten. Die paar Helden, die sich dennoch überwinden ein solches Gericht zu kosten, sind jedes Mal überrascht. „Es hat ja trotzdem geschmeckt". Den einfältigen Kommentar kannst du dir sparen. Viele „normale" Gerichte sind vegan, ohne dass sie als solches betitelt werden. Übrigens ist die Zugabe tierischer Produkte in den meisten Gerichten überflüssig. Deren Abwesenheit wirkt sich nicht negativ auf den Geschmack aus.

Ich mag den Eindruck vermitteln, dass meine Person den Klischee-Veganer verkörpert, der den Lifestyle seiner Mitmenschen verurteilt und es ihnen auch bei jeder Gelegenheit spüren lässt. Dem ist nicht der Fall. Im Grunde ist es mir egal, dass du täglich deinen Körper vergewaltigst und somit deine Lebenserwartungen drastisch reduzierst. Da aber dein egoistisches Verhalten auch meine Gesundheit und die Umwelt gefährdet, kann ich dem Verbrechen nicht tatenlos zusehen. Allerdings präferiere ich eine Methode intelligenteren Ursprungs, welche eine garantierte Nachhaltigkeit verspricht. Auf Demonstration herumschreien oder seinen Mitmenschen frontal mitteilen, dass ihr Verhalten falsch sei, führt zu keinem Ergebnis. Ganz im Gegenteil. Die allgemeine Abneigung zum Veganismus wird dadurch nur verstärkt. Daher bedarf es einer neutralen, wissenschaftlich belegten Niederschrift, die komprimiert alle Unklarheiten aus dem Weg räumt.

Als ich vor 3 Jahren den veganen Weg einschlug, war mir nicht bewusst, wie häufig ich mich von nun an für meinen Ernährungsstil rechtfertigen muss. Veganismus stellen sich viele Menschen sehr anstrengend vor. Was mag wohl die härteste Aufgabe sein? Ist es die Selbstdisziplin oder das vermeintlich kleine Nahrungsangebot? Weder noch. Das Schlimmste ist es tagtäglich mit Idioten konfrontiert zu werden. Ich bin die unzähligen Diskussionen satt und will nicht jedes Mal aufs Neue meine Energie mit schlecht informierten Menschen verschwenden. Aus diesem Grund simuliere ich in diesem Buch ein Gespräch mit dir, wobei ich davon ausgehe, dass du über zu wenig Wissen verfügst, wie es bei den meisten meiner vergangenen Gesprächspartner der Fall war. Diesen Personen werde ich in Zukunft den Dialog verweigern und ihnen stattdessen mein Buch empfehlen.

Kapitel 2 – Fleisch

Mmh, lecker. Bei dem Gedanken an ein saftiges Steak läuft dir das Wasser im Mund zusammen. Ich könnte mich auf Anhieb übergeben. Das Lebewesen auf deinem Teller lag kurz zuvor noch verstümmelt und zusammengepfercht in einem Meer aus Exkrementen. Daraus resultierend lässt sich ein vielfältiger Bakterienbefall sowie die Entstehung offener, eitriger Wunden nicht vermeiden. Guten Appetit. Um sicherzustellen, dass das kranke Tier auch den Weg in deine Pfanne findet, hat es artig seine Medikamente genommen. Wie gelingt es dir die Bilder zu ignorieren? Oder waren dir diese Tatsachen etwa nicht bewusst? Ganz nach dem Motto: „Dumm und glücklich". Umso erfreuter bin ich, dass du mir die Chance gibst, deinen Horizont zu erweitern. Zunächst einmal werde ich dich mit wissenschaftlichen Fakten des menschlichen Organismus belästigen.

2.1 - Anatomie

Selbstverständlich bist du der festen Überzeugung, Fleisch liefere uns lebenswichtige Nährstoffe, welche die Evolution des Menschen erst ermöglichten.

Der Aufbau des menschlichen Körpers belegt jedoch, dass dieser nicht in der Lage ist, tierische Produkte unbeschadet zu verarbeiten. Nach der folgenden Analyse der menschlichen Anatomie bin ich gespannt, mit welchen Argumenten du versuchen wirst deinen gegenteiligen Standpunkt zu verteidigen.

2.1.1 Zähne

Das Gebiss der Menschen weist weder lange, scharfe Reißzähne noch spitze Eckzähne auf, welche für Fleischfresser essenziell sind, um Fleisch zu zerteilen. Der Mensch sowie viele andere Pflanzenfresser auch hat lediglich stumpfe Backenzähne zum Zermalmen pflanzlicher Nahrung.

2.1.2 Kiefer

Um die pflanzliche Nahrung mit den Backenzähnen zermalmen zu können, kann der Kiefer eines Pflanzenfressers auch seitwärts bewegt werden. Fleischfresser, welche die Funktion nicht benötigen, können daher ihre Kiefer nur auf- und abwärts bewegen.

2.1.3 Zunge

Die meisten Fleischfresser haben eine sehr struktu-
rierte, raue Zunge, um Fasern und Sehnen vom
Fleisch abschaben zu können. Die der Menschen
hingegen ist ziemlich glatt und ungeeignet für die
natürliche Form des Fleischkonsums.

2.1.4 Speichel

Fleischfresser haben im Gegensatz zum Menschen
einen säurehaltigen Speichel, der zum Aufspalten
tierischer Eiweiße benötigt wird. Der basische Speichel des Menschen beinhaltet die Enzyme Amylase
und Ptyalin, um Kohlenhydrate zu spalten. Fleischfresser benötigen diese Enzyme nicht.

2.1.5 Magen

Dieser ist bei Fleischfressern rund und sackförmig,
welcher bis zu zehnmal mehr Säure produziert als
menschliche Mägen es tun. Die Säure wird ebenfalls
zum Aufspalten tierischer Eiweiße benötigt. Der
Magen des Menschen ist länglich geformt,

kompliziert gewunden und produziert weitaus weniger Säure, da diese zum Verdauen von pflanzlicher Kost nicht benötigt wird.

2.1.6 Darm

Fleisch fault bekanntlich schnell. Um die Entstehung von gesundheitsgefährdenden Fäulnisgiften zu verhindern, haben Fleischfresser einen verhältnismäßig kurzen Darm. Dieser ist dreimal so lang wie ihr Körper. Die Darmlänge des Menschen beträgt die zwölffache Länge seines Körpers. Diese Beschaffenheit sorgt dafür, dass die Nahrung möglichst lange im Organismus bleibt, um optimal verwertet zu werden. Wird nun aber Fleisch verzehrt, bleibt genügend Zeit zur Entstehung der besagten Fäulnisgifte, die Darmkrebs auslösen können.

2.1.7 Verdauungstrakt

Sowohl der pH-Wert als auch die Zusammensetzung der menschlichen Verdauungssekrete ähneln denen der pflanzenfressenden Menschenaffen. Ein Gorilla nimmt etwa 80 Prozent Grünfutter wie Blätter, Knospen, Stängel zu sich und 20 Prozent

Früchte, Nüsse, Samen und Wurzeln. Das ist übrigens auch die optimale Zusammensetzung für einen gesunden grünen Smoothie.

2.1.8 Leber

Die Leber von Fleischfressern kann etwa fünfzehn- bis zwanzigmal so viel Harnsäure entgiften wie die der Menschen. Bei Fleischfressern ist diese entgiftende Funktionsweise der Leber essenziell, da Fleisch und innere Organe sehr viel Harnsäure enthalten. Zudem besitzen Fleischfresser das Enzym Uricase, welches die Harnsäure verstoffwechselt. Der Mensch hat dieses Enzym nicht. Eine fleischreiche Ernährung lässt somit den Harnsäurespiegel gefährlich steigen. Dadurch kommt es zur Bildung von Harnsäurekristallen in den Gelenken sowie Nierensteinen. Die entzündeten Gelenke entwickeln sich schnell zu einer chronischen Gicht und auch die Niere kann bleibende Schäden davontragen.

2.1.9 Hände

Fleischfresser haben in der Regel keine, da sie Krallen zum Fangen und Erlegen ihrer Beute benötigen. Der Mensch nutzt seine Hände zum Ernten, auflesen und pflücken.

2.1.10 Schweiß

Im Gegensatz zum Menschen sind Fleischfresser nicht in der Lage, Schweiß über die Haut abzusondern, da sie keine Hautporen besitzen. Überschüssige Körperwärme wird durch Hecheln über die Zunge abgegeben. Pflanzenfresser können dank der Schweißporen ihren Körper über die Haut kühlen.

2.1.11 Vitamin C

Fleisch enthält kein Vitamin C. Daher sind Fleischfresser in der Lage, selbstständig Vitamin C zu produzieren. Der menschliche Organismus hingegen verfügt nicht über diese Eigenschaft, weswegen er auf die Zufuhr pflanzlicher Vitamin-C-Quellen angewiesen ist. Vitamin C wirkt antioxidativ, das heißt, es fängt schädliche Verbindungen wie freie Radikale und reaktive Sauerstoffspezies ab und schützt so die Zellen und Moleküle im Körper vor Schäden. Bei der Verdauung verbessert es die Verwertung von Eisen aus pflanzlichen Lebensmitteln und hemmt die Bildung von krebsauslösenden Nitrosaminen. Durch eine Fleisch lastige Ernährung besteht wegen des daraus resultierend Vitamin-C-Mangels ein erhöhtes Krebsrisiko. Reichhaltige Vitamin-C-Quellen sind unter anderem Brokkoli, Kohle, Zitrusfrüchte, Spinat und Beeren.

2.2 Evolution

Unterliegst du auch dem Irrglauben, dass Fleisch die Entwicklung der menschlichen Spezies erst ermöglicht hat? Fleischkonsum wäre demnach dringend nötig gewesen, um die Gehirnentwicklung und das Körperwachstum voranzutreiben. Amerikanische Forscher*innen fanden jedoch heraus, dass die Evolution des Menschen viel mehr mit der Entwicklung des stärkeverdauenden Enzyms im Speichel zu tun hat als mit dem Fleischkonsum. Menschen sind nur in der Lage, stärkehaltige Knollen zu verdauen, weil sie mehr Amylase, ein stärkespaltendes Enzym im Speichel, bilden können als ihre affenartigen Vorfahren. Die Vervielfältigung dieses Amylase-Gens im Erbgut der frühen

Menschen könnte das Ergebnis einer starken, natürlichen Selektion gewesen sein. Die verbesserte Fähigkeit zur Stärkeverdauung war Forscher*innen zufolge möglicherweise ausschlaggebend für das starke Wachstum des Gehirns. Fleisch ist somit für die Entwicklung des Homo sapiens weitaus weniger wichtig gewesen als bisher angenommen. Die Jagd war zu energieaufwendig und nicht immer von Erfolg gekrönt.

Die bereits erwähnten Fakten der menschlichen Anatomie belegen deutlich, dass der Mensch definitiv kein Fleischfresser ist. Lediglich der unstillbare Drang der Erkundung und Eroberung trieb die Menschen zum Fleischkonsum, obwohl sie sich generell vor rohem Fleisch ekeln. Dabei handelt es sich um einen Abwehrmechanismus des Körpers, der den Verzehr gesundheitsschädlicher Nahrung verhindern soll. In diesem Fall die Erkrankung an einer Lebensmittelvergiftung durch Bakterien und Fäulniskeimen.

Und obwohl die Hürden so groß waren, ließen sich unsere Vorfahren davon nicht beirren. Man war nicht in der Lage ein Tier zu fangen und dieses anschließend zu zerlegen. Und selbst wenn man das Werk vollbrachte, wurde man von dem Verzehr krank. Aber dank des leistungsstarken Gehirns wurde ihnen das Bauen von Waffen und Werkzeugen sowie die Kontrolle des Feuers ermöglicht und somit der vorerst unbeschadete Verzehr von Fleisch.

Dies war das erste Vordringen der Menschheit in für sie nicht vorgesehene Bereiche. Viele weitere folgten. Wie die Geschichte zeigt, führen alle unnatürlichen Verhaltensweisen der Menschen zur Zerstörung der eigenen Existenz und die der Umwelt. So auch der Verzehr tierischer Lebensmittel.

Menschen, die viel Fleisch verzehren, sind erwiesenermaßen einem höheren Risiko von Herzerkrankungen, Krebs, Diabetes und Nierenerkrankungen ausgesetzt. Daher rät sogar die Weltgesundheitsorganisation von einem übermäßigen Fleischkonsum dringend ab. Natürliche Fleischfresser hingegen können logischerweise Fleisch verzehren ohne Herzinfarkte, Schlaganfälle oder ähnliche Krankheiten befürchten zu müssen. Ihre stark sauren Magensäfte sind essenziell bei der vollständigen Verwertung und töten zudem gefährliche Bakterien ab. Studien zeigen, dass eine fettarme, vegane Ernährung das Risiko für Herzerkrankungen und Durchblutungsstörungen bei Menschen stark verringert.

2.3 Krebs

Die wissenschaftlichen Beweise, die den Fleischkonsum mit Gesundheitsrisiken in Verbindung bringen, sind so stark, dass die „Internationale Agentur für Krebsforschung" im Jahr 2015 verarbeitetes Fleisch als für den Menschen krebserregend eingestuft hat. Diese Einschätzung basiert auf einem Report einer Arbeitsgruppe aus 22 Expert*Innen aus zehn Ländern, die mehr als 800 Studien ausgewertet haben. Ihre Ergebnisse zeigen, dass der regelmäßige Verzehr von verarbeitetem Fleisch das Darmkrebsrisiko signifikant erhöht. Andere Untersuchungen zeigen, dass ein Zusammenhang zwischen dem Konsum von Fleisch und bestimmten Krebsarten besteht, darunter Darm-, Magen-, Leber-, Lungen-, Blasen-, Bauchspeicheldrüsen- und Speiseröhrenkrebs. Eine Studie besagt, dass Personen, die täglich eine Portion Fleisch zu sich nehmen, im Vergleich zu jenen, die weniger oder gar kein Fleisch konsumieren, ein um 8 Prozent höheres Krebsrisiko haben. Hingegen lässt sich das Risiko für koronare Herzkrankheiten, Diabetes, Schlaganfall und bestimmte Krebsarten durch den regelmäßigen Konsum von Obst, Gemüse, Hülsenfrüchten, Vollkornprodukten und Nüssen stark minimieren.

2.4 Diabetes

Der weltweite Anstieg des Konsums von tierischen Fetten und raffiniertem Zucker ist die Ursache für Fettleibigkeit und chronischen Krankheiten wie Typ 2 Diabetes. Forschungsergebnisse zeigen, dass nur eine Tagesportion Fleisch das Risiko an Typ 2 Diabetes zu erkranken erhöht. Eine Umstellung auf eine pflanzenbasierte Ernährung kann das Risiko um etwa 40 Prozent senken. Gesättigtes Fett kommt sehr selten in pflanzlichen Lebensmitteln vor, dafür aber fast immer in tierischen. Eine Ernährung, die mehr Kalorien enthält als man verbraucht und außerdem zu viele gesättigte Fette beinhaltet, fördert entzündliche Prozesse in der Leber und letztlich die nichtalkoholische Fettlebererkrankung. Auf Grund eines zu hohen Fleischkonsum leiden weltweit ca. 1 Milliarden Menschen an einer ernährungsbedingten Fettleber. Eine breit angelegte Langzeitstudie, welche Daten aus der „NIH–AARP" Studie analysierte, fand einen Zusammenhang zwischen dem Konsum von Fleisch und frühzeitiger Mortalität. Dabei konnte vor allem eine Verbindung zur chronischen Leberererkrankungen sichtbar gemacht werden.

2.5 Cholesterin

Das im Blut gemessene Cholesterin setzt sich aus verschiedenen Fraktionen zusammen. Im Wesentlichen kann man zwischen dem „gutartigen" HDL-Cholesterin (High-Density-Lipoprotein) und dem „bösartigen" LDL-Cholesterin (Low-Density-Lipoprotein) unterscheiden. Letzteres kommt nur in tierischen Erzeugnissen vor. Dabei handelt es sich um Fett-Eiweiß-Verbindungen (Lipoproteine), die eine hohe oder niedrige chemische Dichte aufweisen. Diese Verbindungen transportieren das Cholesterin von der Leber zu den verschiedenen Geweben und von dort auch wieder zurück. Cholesterin und gesättigte Fettsäuren aus tierischen Lebensmitteln sind die Nr. 1 Ursache für einen Herzinfarkt und Schlaganfall, welche zudem die häufigsten Todesursachen in Deutschland sind. Während das HDL-Cholesterin eine gefäßschützende Wirkung aufweist, sorgt das LDL-Cholesterin für Gefäßverkalkungen. Dessen Ablagerungen an den Innenwänden der Blutgefäße führen zu Verengung bis hin zu Verstopfungen. Sobald ein Gefäß komplett verschlossen ist und somit der Blutfluss gestört wird, kommt es zum Herzinfarkt oder Schlaganfall. Um dem vorzubeugen, werden die verstopften Arterien operativ erweitert oder im akuten Notfall ausgekratzt. Warum greift man zu solchen Mitteln und nimmt sogar den Tod in Kauf? Lediglich der Verzicht auf tierische Lebensmittel eliminiert das Risiko einer Gefäßverkalkung. Vorausgesetzt, du bist nicht so dumm und rauchst. Dann kann dich auch die Kraft der Pflanzen nicht mehr retten.

2.6 Herz-Kreislauf-Erkrankungen

Schlaganfall, koronare Herzkrankheit, Erkrankung der Aorta und periphere arterielle Verschlusskrankheit gehören zu den häufigsten Herz-Kreislauf-Erkrankungen. Forschungen in Costa Rica von 1994 bis 2004 zeigten, dass Personen, die eine Tagesportion Fleisch konsumierten, ein um 31 Prozent höheres Herzinfarkt-Risiko hatten, als Personen, die nur 1,5 Portionen Fleisch pro Woche aßen. Die Verbindung zwischen Fleischkonsum und Herzinfarkt war bei Frauen ausgeprägter als bei Männern. Eine Studie aus Dänemark, die mehr als 55.000 Männer und Frauen im Alter von 50 bis 64 Jahren über 13,5 Jahre lang begleitete, zeigte, dass das Herzinfarktrisiko der Frauen deutlich gesenkt werden konnte, indem diese Gemüse anstatt Fleisch aßen.

2.7 Alzheimer

Eine Untersuchung der „Zhejiang University" und „Qingdao University" kommt zu dem Resultat, dass Fleischkonsum auch das Risiko für neurologische Erkrankungen wie Demenz und Alzheimer erhöht. Zusammengefasst fanden die Forscher*innen vier passende Studien mit insgesamt 8.630

Teilnehmern und 633 Fällen, bei denen gesunde Probanden zu Patienten wurden. Jene, die große Mengen an tierischen Fetten zu sich nahmen, hatten ein um 39 Prozent erhöhtes Alzheimer-Risiko, das für Demenz war sogar um 105 Prozent erhöht. Die Analyse der Daten veranschaulichte, dass eine Steigerung der Aufnahme von gesättigten Fetten um nur 4 Gramm pro Tag das Risiko für eine Alzheimer-Demenz um 15 Prozent erhöht. Ein Zusammenhang zwischen dem Konsum von pflanzlichen Fetten und dem Alzheimer- und Demenz-Risiko konnte hingegen nicht nachgewiesen werden.

2.8 Chemische Verbindungen

Einige der im Fleisch gefundenen chemischen Verbindungen haben erhebliche Auswirkungen auf die Gesundheit. Polyzyklische aromatische Kohlenwasserstoffe und heterozyklische Amine, die beim Kochen von Fleisch entstehen, sind krebserregend. Die folgenden chemischen Verbindungen sind am häufigsten in Fleisch zu finden. N-Glycolylneuraminsäure ruft beim Menschen chronische Entzündungen hervor, während gesättigte Fette Diabetes und Fettleibigkeit begünstigen. Häm-Eisen wird auch mit Diabetes und dazu mit Herz-Kreislauf-Erkrankungen und Krebs in Verbindung gebracht.

Nitrate und Nitrite gelten ebenfalls als krebserregend sowie N-Nitroso-Verbindungen und Amine.

2.9 Lebensmittelinfektionen

Bakterien, Viren, Protozoen und Würmer können Lebensmittelinfektionen verursachen. Zwischen 2010 und 2015 war in Großbritannien das Bakterium „Campylobacter" der Hauptauslöser für lebensmittelbedingte Erkrankungen wie Durchfall, wobei vier von fünf Fällen durch infiziertes Geflügel verursacht wurden. Laut der „UK Food Standards Agency" gehen die meisten Todesfälle durch Lebensmittelinfektionen auf das Bakterium „Listeria monocytogenes" zurück, dass nicht nur in Geflügel, sondern auch in Rohmilch und Fisch vorkommt. In Deutschland sind Salmonellen am häufigsten für bakterielle Infektionskrankheiten verantwortlich. Falsche Lagerung und Mangelnde Hygiene bei der Schlachtung, wodurch das Fleisch mit Fäkalien kontaminiert wird, sind die Ursache. Deshalb findet sich beispielsweise auf rohem Geflügel auch oft der Warnhinweis, alle Küchengeräte zu waschen.

2.10 Zoonosen

Hierbei handelt es sich um Infektionskrankheiten, die von Tieren auf Menschen übertragen werden. Eine Ansteckung erfolgt durch den Verzehr kontaminierter Tierprodukte oder direkten Kontakt mit infizierten Tieren. Eine der häufigsten Zoonosen ist „Taenia solium", besser bekannt als Schweinebandwurm. Infektionen mit der Larve dieses Parasiten gelten weltweit als eine der Hauptursachen lebensmittelbedingter Todesfälle. Die Infektion mit der Larve geschieht durch die Aufnahme von Bandwurm-Eiern. Der adulte Bandwurm infiziert den Menschen durch den Verzehr von halbgegartem oder rohem, mit Larven befallenen Schweinefleisch.

Während viele auf der Welt von Covid-19 überrascht wurden, hatten Forscher*innen schon lange damit gerechnet. Laut Delia Randolph, Veterinär-Epidemiologin beim „ILRI", zeichnet sich seit den 1930er-Jahren eine deutliche Tendenz ab. Die Anzahl menschlicher Krankheiten steigt, wovon 60 Prozent ursprünglich von Tieren stammen. Oft wurden diese Krankheiten von Nutztieren auf den Menschen übertragen. Zoonosen wie BSE, Schweinegrippe und Vogelgrippe stammen aus der Nutztierhaltung. Um einen natürlichen Schutz vor Infektionskrankheiten zu erreichen, ist genetische Vielfalt unerlässlich. Allerdings erzeugt die Massentierhaltung immer mehr genetisch ähnliche Tiere. Diese sind wegen des kleinen Genpools innerhalb der Zuchten anfälliger für Infektionen. Virologe Alexander Kekulé verdeutlicht das mit der Spanischen Grippe. Als die Krankheit 1918 grassierte, infizierten sich auch Schweine mit dem Virus. Durch die industrielle Zucht der Tiere blieb das Virus in Generationen von Schweinen erhalten und kombinierte sich schließlich mit einem anderen Virus zu einem neuen Erreger, der die Schweinegrippen-Epidemie von 2009 auslöste.

Durch den großen internationalen Markt für Wildtiere werden manche Arten immer stärker bejagt. Ihr Bestand kann sich nicht erholen und das Überleben der Art ist gefährdet. Mit dem allmählichen Verschwinden der Populationen dringen Jäger*innen immer tiefer in unberührte Ökosysteme vor. Sie kommen in den direkten Kontakt mit Wildtieren, sowie auch die Arbeiter*innen auf Frische-Märkten, wo Tiere vor Ort geschlachtet werden. So sind SARS und SARS-Cov-2 wahrscheinlich auf die Menschen übergesprungen.

Der fortschreitende Klimawandel erhöht zusätzlich die Wahrscheinlichkeit einer Pandemie. Moskitos und Fledermäuse, die gefährliche Erreger übertragen können, erschließen wegen der steigenden Temperaturen neue Lebensräume. Wärmere Temperaturen schaffen ideale Bedingungen für Erreger und Überträger. Aufgrund des ansteigenden Konsums tierischer Erzeugnisse und die daraus resultierenden Umweltschäden werden Pandemien künftig in immer kürzeren Intervallen auftreten.

Keine vier Monate nachdem die WHO den Ausbruch von Covid-19 zur Pandemie erklärte, veröffentlichten chinesische Forscher*innen eine Studie über eine neue Art der Schweinegrippe. Ein Virus mit dem Potenzial zur nächsten Pandemie.

2.11 Antibiotika

Würdest du Antibiotika zu dir nehmen? Einfach so? Eine rhetorische Frage. Jeder wird diese mit einem bestimmten „Nein", gefolgt von einem erschrockenen „Das ist doch stark gesundheitsgefährdend" beantworten. Antibiotika ist schädlich für gesunde Menschen und sollte generell nur in absoluten Notfällen und unter ärztlicher Aufsicht eingenommen werden. Und trotzdem futterst du es täglich. Die meisten Fleischerzeugnisse beinhalten Antibiotika, welche nicht nur deinem Körper schaden, sondern diesen auch resistent machen, sodass Medikamente, die im Notfall Leben retten können, ihre Wirkung verlieren.

Der Begriff „multiresistente Erreger" taucht seit einigen Jahren immer öfter in den Medien auf. Bei diesen Erregern handelt es sich um Bakterien, die gegen mehrere Antibiotika resistent sind. Die Resistenzen führen dazu, dass Infektionen mit diesen Bakterien nur schwer oder gar nicht behandelt werden können. Die Folgen für die Betroffenen sind oftmals schwer. Nicht selten verlaufen solche Infektionen sogar tödlich. Für eine Studie kaufte die Arbeitsgruppe um Professor Dr. Ivo Steinmetz am „Friedrich Löffler Institut für medizinische Mikrobiologie", 400 Geflügel- und Schweinefleischproben in Berlin und Greifswald. Das Ergebnis der Laboruntersuchungen von sowohl frischen, aber auch abgepackten Fleischwaren ist erschreckend. In bis zu jeder zweiten Probe wurden unmittelbar nach dem Kauf multiresistente Erreger nachgewiesen.

In Deutschland werden jährlich 1.700 Tonnen Antibiotika in der Nutztierhaltung eingesetzt. Knapp siebenmal so viele wie in den Krankenhäusern.

Gentechnisch verändertes Futter mästet Tiere in Rekordzeit. Deren Skelette können dem rasanten Wachstum nicht Schritt halten und brechen zusammen. Mit Tausenden Leidgenossen liegen sie in einem Meer aus Exkrementen. Durch die Enge und den Bewegungsmangel entstehen Wunden, die sich dank fehlender Hygiene entzünden. Die Lösung? Antibiotika.

2.12 Entzündungen

Diabetes, Depressionen, Herz-Kreislauf-Erkrankungen, Demenz oder Parkinson. Es gibt keine Familie, die nicht direkt oder indirekt von einer sogenannten Zivilisationserkrankung betroffen ist. Mitverantwortlich für die Ausbreitung dieser Volksleiden ist häufig eine falsche Zusammensetzung und das Fehlen von Nährstoffen. Der westliche Ernährungsstil ist geprägt durch einen hohen Anteil an stark verarbeiteten, raffinierten Lebensmitteln. Ferner ist der Konsum von Zucker, Salz, verarbeiteten Fetten und tierischen Produkten, insbesondere an Fleisch- und Wurstwaren, sehr hoch. Dadurch kommt es zu einem Ungleichgewicht im Körper, das die Entstehung von Erkrankungen fördert. Zivilisationskrankheiten basieren häufig auf chronisch-entzündlichen Prozessen.

Die vor allem in tierischen Lebensmitteln vorkommende Arachidonsäure gehört zu den Omega-6-Fettsäuren. Bei ihrer Metabolisierung entstehen Abbauprodukte, die entzündungsfördernd wirken. Wer von rheumatoider Arthritis betroffen ist, kann durch die Umstellung auf eine vegane Ernährung häufig Beschwerden lindern. Der daraus resultierende Verzicht auf Arachidonsäure senkt die Entzündungswerte im Körper. Dass der heutige Ernährungsstil reich an Omega-6- und gleichzeitig arm an Omega-3-Fettsäuren ist, spielt eine wichtige Rolle beim Thema Entzündungen. Diese werden unter anderem durch die Bildung von Entzündungsfaktoren ausgelöst, gebildet aus der Omega-6-Fettsäure: Arachidonsäure (AA). Demgegenüber stehen entzündungshemmende Botenstoffe, die vom Körper aus den Omega-3-Fettsäuren, Eicosapentaensäure (EPA) und Docosahexaensäure (DHA), gebildet werden. Für die Umwandlung von Omega-6- und Omega-3-Fettsäuren in die anti-entzündlichen Botenstoffe, benötigt der Körper dasselbe Enzymsystem, in dem sich folglich die beiden Fettsäuretypen wie Gegenspieler verhalten. Da die Omega-6-Zufuhr heutzutage so hoch ist, wird die Bildung entzündungshemmender Botenstoffe aus den Omega-3-Fettsäuren blockiert. Mit entsprechend negativen Folgen für die Gesundheit.

Fachgesellschaften empfehlen eine Aufnahme von Omega-6- zu Omega-3-Fettsäuren in einem Verhältnis von maximal 5:1. Das tatsächliche Verhältnis der Durchschnittsmenschen liegt jedoch bei 20:1. Die Folge des Ungleichgewichts: Entzündungen werden nicht ausreichend gestoppt, was das Auftreten chronisch-entzündlicher Erkrankungen befeuert. Bei Fleisch lastiger Kost werden etwa 200 bis 400 mg Arachidonsäure pro Tag aufgenommen, bei einer pflanzlichen Ernährung dagegen nur ca. 50 mg. Arachidonsäure kann vom Körper auch aus Linolsäure gebildet werden, welche essenziell ist. Das bedeutet, dass der Organismus sie mit der Nahrung aufnehmen muss. Jedoch ist in der heutigen Ernährung zu viel Linolsäure enthalten. Sie befindet sich etwa in pflanzlichen Ölen wie Sonnenblumen- und Maiskeim-Öl. Diese Öle werden zudem bei der Herstellung von Fertigprodukten verwendet. Also gilt es, diese Fertigprodukte zu meiden, denn je weniger Linolsäure und Arachidonsäure mit der Nahrung zugeführt werden, desto weniger Entzündungsmediatoren können gebildet werden. Das Zurückfahren der Omega-6-Aufnahme sollte gleichzeitig begleitet werden durch die Aufnahme von mehr Omega-3-Fettsäuren. Zum Beispiel durch Leinöl mit seinem immens hohen Anteil an Alpha-Linolensäure (ALA). ALA kann der Körper zu EPA und DHA umwandeln, aus denen bei Bedarf entzündungshemmende Botenstoffe gebildet werden. Das gelingt nur, wenn das Verhältnis von Omega-3 und Omega-6 passend ist. Ein Überschuss an Omega-6 hemmt die Verstoffwechselung der Omega-3-Fettsäuren.

2.13 Nährstoff-Mythos

Die weitverbreiteten Befürchtungen der Laien, eine vegane Ernährung könne den Körper nicht ausreichend mit Nährstoffen versorgen, lassen sich wissenschaftlich nicht belegen. Unabhängig vom Ernährungsstil ist ein Nährstoffmangel lediglich mit einer unausgewogenen Ernährung zu begründen. Tierische Produkte haben kein Monopol auf einen bestimmten Nährstoff, zumal sie nicht dessen ursprüngliche Quelle sind. Jedes Vitamin wird im Ursprung von Mikroorganismen produziert sowie jedes Mineral ursprünglich aus dem Boden stammt. Vitamine und Mineralstoffe werden von Pflanzen aufgenommen und gelangen erst im Laufe der Nahrungskette in tierische Organismen. Der Verzehr von Tieren ist somit überflüssig. Vielmehr können wir alle Nährstoffe direkt aus ihren ursprünglichen Quellen beziehen.

Ein Großteil der Bevölkerung weist einen erheblichen Mineralstoffmangel auf, an dem auch der viel zu häufige Verzehr tierischer Produkte ursächlich beteiligt ist. Der Grund dafür ist simpel, da tierische Eiweiße während der Verstoffwechselung eine Menge schädlicher Säuren erzeugen. Das Fleisch enthält zwar auch Mineralien, die diese Säuren neutralisieren, aber deren Menge reicht nicht aus. Es kommt zwangsläufig zum Säureüberschuss.

Da eine fleischreiche Ernährungsweise in der Regel sehr arm an basenbildenden Lebensmitteln ist, muss der Körper zum Zwecke der Säureneutralisation auf seine eigenen Mineralstoff-Reserven zurückgreifen. Das führt unabwendbar zur Entmineralisierung des Körpers, in dessen Folge sich degenerative Krankheiten wie Parodontose, Osteoporose und Arthrose entwickeln. Studien zeigen, dass eine ausreichende Nährstoffversorgung durch eine vegane Ernährung gut umsetzbar ist.

2.14 Vitamin B12

Pflanzen enthalten generell kein Vitamin B12. Für dich und alle anderen Kritiker des Veganismus ist das der alles entscheidende Beweis, dass dieser Ernährungsstil unnatürlich und der Mensch auf Fleisch angewiesen ist. Dabei bist du weder über die Entstehung des Vitamins informiert, noch weißt du, dass insbesondere Fleischesser einem höheren Risiko ausgesetzt sind, einen B12-Mangel zu erleiden.

Aber von vorne. Vitamin B12 (Cobalamin) ist das einzige wasserlösliche Vitamin, das der Körper über mehrere Jahre vor allem in der Leber speichern kann. Es wird ausschließlich von Mikroorganismen (Bakterien) produziert. Erde bietet einen hervorragenden Nährboden für diesen Prozess. Das dort entstandene B12 haftet an den Pflanzen und wird somit durch die Nahrung aufgenommen. In den Böden der Industrienationen ist dieser Prozess nicht mehr möglich, weil der ständige Einsatz von Pestiziden alle Mikroorganismen abgetötet hat. Aus diesem Grund ist in diesen Teilen der Welt eine Aufnahme von B12 durch pflanzliche Nahrung nicht mehr möglich. Bestimmt gibt es noch vereinzelte Landwirte, die auf den Einsatz von Pestiziden verzichten. Doch auch deren Böden wurden bereits durch sauren Regen und Grundwasserverschmutzung zerstört. Der allgemeine Einsatz von Gülle als Dünger ist dafür verantwortlich.

Nehmen wir trotzdem an, dass an einigen Pflanzen B12 haftet, so wird dieses jedoch bei der maschinellen Weiterverarbeitung abgewaschen. Der sensible Verbraucher möchte schließlich keinen Dreck an seinem Naturprodukt. Um die Aufnahme des Vitamins gänzlich auszuschließen, wird das Obst und Gemüse zu guter Letzt noch geschält. Der größte Anteil der Nährstoffe, die sich in der Schale befinden, gehen zusätzlich verloren.

Aber Moment mal, die Tiere werden auch mit den sterilen Pflanzen genährt. Diese leiden somit ebenfalls an einen B12-Mangel, weswegen viele tierische Erzeugnisse und Tierfutter künstlich mit B12 angereichert werden. Somit ist das Argument der Abhängigkeit vom Fleisch entkräftet. Im niedrigen Preissegment, zu der die Mehrheit beim Einkauf greift, wird auf die Anreicherung von B12 verzichtet, denn dort wird lediglich die Gewinnmaximierung priorisiert. Somit sind die meisten Menschen gefährdet, einen B12-Mangel zu erleiden. Aber nicht aufgrund der richtigen oder falschen Ernährungsweise, sondern wegen der Umweltzerstörung durch die Industrie. Jeder ist also gezwungen, B12 über Nahrungsergänzungsmittel oder angereicherten Produkten zu sich zu nehmen.

Ganz gegen den Glauben der Gesellschaft leidet kaum ein Veganer unter einem B12-Mangel, da diese über das besagte Wissen verfügen und sich generell bewusst ernähren. Der Rest der Menschheit, der sich üblicherweise nicht mit seiner

Ernährung auseinandersetzt, unterliegt dem Irrglauben, dass sein Fleischkonsum ihn ausreichend mit B12 versorgen würde. Daraus resultierend unterliegen sie einem besonders hohen Risiko, einen unbemerkten B12-Mangel zu entwickeln. Davon abgesehen glaube ich, dass viele mit dem Begriff generell nichts anfangen können.

In den ländlichen Gegenden Indiens herrscht trotz jahrelanger veganer Ernährung praktisch kein B12-Mangel. Ebenso ist belegt, dass die vegan lebenden Mönche eines Klosters im japanischen Kyoto keinen B12-Mangel aufweisen. Deren Böden bleiben von der Kontamination der Zivilisation verschont und sind daher reich an Mikroorganismen. Ungewaschen, roh und ungeschält wird es verzehrt und sichert somit einen stabilen B12-Haushalt.

Vitamin B12 spielt bei der Zellteilung, Blutbildung und im Nervensystem eine lebenswichtige Rolle. Erste Anzeichen für einen B12-Mangel können Müdigkeit, Schwindel, Blässe und allgemeine Schwäche sein. Bleibt ein B12-Mangel unbehandelt, kommt es langfristig zu Störungen der Blutbildung sowie zu neurologischen und psychiatrischen Beeinträchtigungen, wie beispielsweise Empfindungs-, Koordinations- und Gleichgewichtsstörungen, Apathien, Halluzinationen bis hin zu Lähmungserscheinungen und Psychosen. Diese Störungen des Nervensystems sind potenziell irreversibel.

2.15 Protein

„Woher bekommst du deine Proteine?" Jeder, der den Aufbau von Muskelmasse anstrebt, ist der Meinung, dass dieses Vorhaben nur mit einer fleischreichen Ernährung gelingen kann. Das dem nicht so ist, beweisen zahlreiche vegane Athleten.

„Die stärksten Tiere sind Pflanzenfresser: Gorillas, Büffel, Elefanten und ich. Vor 6 Jahren wurde ich als veganer Strongman noch belächelt. Mittlerweile fragt sich meine fleischverzehrende Konkurrenz, ob sie etwas falsch macht. "

Patrik Baboumian, „Stärkster Mann Deutschlands"

Protein wird vom Körper vor allem für den Aufbau von Gewebe verwendet. Das ausreichende Mengen an Eiweiß auch in pflanzlichen Lebensmitteln vorhanden sind, ist vielen Menschen unbekannt. Was glaubst du, woher die Tiere ihre Proteine bekommen? Natürlich durch den Verzehr von Pflanzen. Warum also das Protein erst durch ein Tier recyceln, wenn man es in besserer Qualität direkt von der Quelle beziehen kann? Du musst weder die Umwelt zerstören noch Lebewesen töten, um einen prallen Bizeps zu bekommen.

Bei pflanzlichen Proteinen ist zu beachten, dass alle 9 unentbehrlichen Aminosäuren in ausreichender

Menge aufgenommen werden. Durch die Kombination verschiedener Proteinlieferanten kann das problemlos umgesetzt und eine adäquate Proteinqualität erreicht werden. Eine besonders gute biologische Wertigkeit, wie gut ein Nahrungsprotein in körpereigenes Protein umgewandelt werden kann, hat zum Beispiel die Kombination aus Hülsenfrüchten und Getreide.

In der erhitzten Form bedarf die Verstoffwechselung von tierischem Eiweiß einer erhöhten Produktion von Stoffwechselenzymen. Eine übermäßige Zufuhr dieser Eiweiße kann die Leistungsfähigkeit der Bauchspeicheldrüse insgesamt reduzieren. Eine andauernde Überbeanspruchung der Bauchspeicheldrüse kann letztlich die Diagnose „Diabetes" zur Folge haben. Die Bauchspeicheldrüse produziert auch Enzyme, die in der Lage sind, Krebszellen zu zerstören. Ist dieses wichtige Organ allerdings aufgrund eines hohen Konsums tierischer Eiweiße in ihrer Tätigkeit eingeschränkt, so wird der Betroffene automatisch auch anfälliger für Krebserkrankungen.

2.16 Energie

Die Gesellschaft rät dir beim Fleisch ordentlich zu-
zuschlagen, um groß und stark zu werden. Hast du
dir nie die Frage gestellt, wie ein totes Tier dir Energie liefern soll? Du kannst nicht leugnen, dass dich
nach dem Verzehr von Fleisch ein Schwere-Gefühl
im Magen plagt. Du bist erschöpft und möchtest
dich am liebsten schlafen legen. Von Energie kann
keine Rede sein. Komisch oder? Verkoste ein vega-
nes Gericht und du wirst kein Verlangen nach einem Powernap mehr verspüren.

2.17 Männlichkeits-Mythos

Der primitive Anteil der maskulinen Gattung assoziiert seine vermeintliche Männlichkeit mit dem
Verzehr von Fleisch. Das mache schließlich stark
und liefere alle notwendigen Nährstoffe. Gemüse
ist natürlich was für Weicheier. Für diese be-
schränkten Wesen eignet sich der Vergleich des be-
tanken eines Dieselmotors mit Benzin. Weit kommt
man mit dieser Kombination nicht. Nährstoffmangel, Übergewicht und Krankheiten, die dem
Fleischkonsum geschuldet sind, senken den Testos-
teronspiegel.

2.18 Depressionen

Italienische Wissenschaftler publizierten im September 2020 einen systematischen Übersichtsartikel und eine Metaanalyse über einen möglichen Zusammenhang zwischen dem Verzehr von Fleischprodukten und dem Risiko für Depressionen. In die Auswertung wurden 17 Studien einbezogen. Es zeigte sich eine signifikante Assoziation zwischen dem Verzehr von Fleisch und dem Risiko für Depressionen.

2.19 Ethik

Weltweit „leben" fast alle Tiere in Intensivtierhaltung. Sie werden in riesigen Hallen und dunklen Ställen, in Käfigen und auf Spaltenböden gefangen gehalten und gequält. In Deutschland unterliegt jedes fünfte Nutztier der Anbindehaltung, in der die Bewegungsmöglichkeiten stark eingeschränkt sind. Sie können nur stehen oder liegen. Für ein Schwein mit bis zu 110 Kilogramm Gewicht ist laut Gesetz eine Fläche von 0,75 Quadratmetern ausreichend. In der Bodenhaltung sind bis zu neun Hühner pro Quadratmeter erlaubt. Ein Mastschwein lebt in der Regel nur sechs Monate. Sie werden kastriert, ihre Eckzähne abgeschliffen und die Ringelschwänze abgeschnitten. Hühnern wird der Schnabel gekürzt und Kälbern der Hornansatz chemisch verätzt oder ausgebrannt. Diese Verstümmelungen sind legal und passieren häufig ohne Betäubung. Und jetzt antworte bitte nicht „Ich kaufe nur Bio." Tiere aus Biohaltung erleiden die gleichen Qualen. Sie bekommen lediglich weniger Antibiotika, mehr "Bewegungsfreiheit" und werden selbstverständlich tot gestreichelt. Egal ob Bio oder Massentierhaltung, am Ende treffen sich alle im gleichen Schlachthof.

Kapitel 3 – Milch

Der menschliche Körper ist nicht in der Lage, Milch zu verarbeiten. Regelmäßiger Verzehr kann zu Allergien, Entzündungen, Akne, Verdauungsproblemen, Blutverfettung und langfristig zu diversen Zivilisationskrankheiten führen. Dir sollte bewusst sein, dass Milchkonsum nicht der natürlichen Ernährungsweise entspricht. Kein anderes Säugetier trinkt Milch und schon gar nicht von einer fremden Spezies. Die Geschichte lehrte den Menschen bereits unzählige Male, dass ein Eingriff in die Natur noch nie zugunsten seiner Gesundheit ausging.

Dafür spricht auch, dass Milch erst pasteurisiert werden muss, um den Verzehr zu ermöglichen. Durch das Pasteurisier-Verfahren werden Bakterien und Krankheitserreger abgetötet. Dazu zählen unter anderem Brucellen und Salmonellen. Bei dem Verfahren erhitzt man die Milch auf ca. 80 Grad und senkt somit den Keimgehalt. Allerdings beinhaltet Milch auch hitzeresistente Bakteriensporen, wie Clostridium Botulinum, die Erreger der Paratuberkulose sowie Sporen einiger Schimmelpilze, welche die Behandlung zumindest teilweise überleben.

Generell ist Milch nur für Säuglinge geeignet, da diese auf die darin enthaltenen Wachstumshormone angewiesen sind. Erwachsene, aber auch Kinder, die dem Säuglingsalter entwachsen sind, benötigen keine Wachstumshormone mehr. Milch erhöht den Blutspiegel an Insulin ähnlichen Wachstumsfaktoren (IGF-1), welche unter anderem Krebszellen zum Wachstum anregen. Sie birgt somit ein hohes Risiko an Krebs zu erkranken.

Nach der Diagnose ihrer Krebserkrankung erfinden die Menschen Theorien wie „Ach, das war ja zu erwarten. Das sind die Gene. Mein Vater hatte schließlich auch Krebs." Unsinn! Dein Vater hat auch Milch getrunken, so wie der Rest deiner Sippe. Und auf Fleisch, Fisch und Eier hat bestimmt auch niemand verzichtet. Es ist also keine Überraschung, dass viele im fortgeschrittenen Alter an Krebs erkranken. Der hohe Proteingehalt der Milch sowie die Aktivierung bestimmter Enzyme schalten die Zellen auf Wachstum. Evolutionär für die Aufzucht von Kälbern vorgesehen, nicht aber für den Menschen. Jedes Glas Milch facht somit das Wachstum der Krebszellen an. Studien zur Folge gibt es einen direkten Zusammenhang zwischen Milchkonsum und gewissen Krebsarten. An erster Stelle stehen hier Prostata- und Eierstockkrebs.

Ein weiterer Grund für die Entstehung der genannten Krebsarten kann der zu hohe Anteil an Estronsulfat in verarbeiteter Milch sein. Dabei handelt es sich um Östrogen-Verbindungen. Milch aus der Mongolei dagegen ist sehr naturbelassen. Zwar würde ich auch den Verzehr dieser Milch nicht empfehlen, dennoch ist diese weitaus weniger schädlich als industriell verarbeitete Milch.

Untersuchungen zur Folge enthält Industriemilch 33 Mal mehr Östrogen als die natürliche Milch aus der Mongolei. Diesem Überschuss hat der moderne Mann unserer Zeit seinen prächtigen Busen zu verdanken.

Es sind nicht nur allein die Hormone, die eine Gefahr für den menschlichen Organismus darstellen. Wie alle tierischen Produkte enthält Milch ebenfalls gesättigte Fette und das „bösartige" LDL-Cholesterin. Mit der Zeit verfetten die Organe und die Blutgefäße verkalken. Folgekrankheiten wie Adipositas, Diabetes und die Schädigung des Herz-Kreislaufsystems führen schließlich in Form eines Schlaganfalls oder Herzinfarkts zum verfrühten Tod.

3.1 Knochen

Seit Generation werben Staat und Industrie mit den vermeintlichen Vorzügen von Milch. Dank deren Manipulation sind die meisten Menschen der festen Überzeugung, dass Milch das essenzielle Lebensmittel für gesunde Knochen ist. Selbstverständlich bedarf es keiner Hinterfragung, wenn die verdrehte Ernährungspyramide und das Milch-Maskottchen den Verbrauchern einen regelmäßigen Milchkonsum empfehlen. Knochen brauchen schließlich

Kalzium. Das ist in Milch reichlich vorhanden, also ist Milch gesund. Soweit die Logik der primitiven Verbraucher.

Schon im April 2009 veröffentlichte das Fachjournal „Osteoporosis International" eine Studie, die zeigte, dass die Knochendichte der vegan lebenden Studienteilnehmer*innen absolut identisch mit der Knochendichte der „normal" essenden war. Die Milch kann also nicht für gesunde Knochen verantwortlich sein. Derselben Meinung ist eine Studie vom Oktober 2014. Darin schrieben die schwedischen Forscher*innen, rund um Prof. Karl Michaëlsson, dass Milch höchstwahrscheinlich völlig nutzlos für die Knochen sei. Man kann also mit dem Verzehr von Milch keine Osteoporose oder Knochenbrüchen vorbeugen, wie es die meisten zu wissen glauben. Stattdessen tritt das Gegenteil ein. Die mehr als 60.000 teilnehmenden Frauen wurden über durchschnittlich zwanzig Jahre hinweg von Wissenschaftler*innen begleitet, die etwa 45.000 Männer im Durchschnitt elf Jahre lang. Im Laufe der Studie erlitten rund 17.000 Frauen und 5.000 Männer Knochenbrüche.

Nun könnte man denken, dass bevorzugt jene Menschen Knochenbrüche erlitten, die sehr wenig Milch zu sich nahmen. Das aber war nicht der Fall. Professor Michaëlsson und sein Team vom Karolinska Institut konnten keineswegs feststellen, dass eine erhöhte Aufnahme von Milch das Risiko für Knochenbrüche senkte. Der Milchverzehr hatte in dieser Studie das Risiko für osteoporotische Frakturen noch erhöht. Mit jedem täglichen Glas Milch nahm das allgemeine Knochenbruchrisiko um 2 Prozent zu, das Risiko für Hüftfrakturen sogar um 9 Prozent. Die Forscher beobachteten nicht nur ein erhöhtes Knochenbruchrisiko bei den Milchfans, sondern auch einen früheren Todeseintritt.

Kein Säugetier ist auf Milch angewiesen, um sein Skelett aufrecht zu erhalten.

Gerade Kinder und Jugendliche sollen vermeintlichen „Experten" zufolge viel Milch trinken, damit sich ein stabiles Knochengerüst bilden kann. Dr. Diane Feskanich und ihr Team von der Harvard Universität in Boston stellten jedoch im Jahr 2013 Folgendes fest. Regelmäßiger Milchkonsum im Teenageralter kann das Risiko von Hüftgelenksbrüchen im späteren Verlauf des Lebens keineswegs positiv beeinflussen. Die Beobachtung der fast 100.000 Teilnehmer*innen ergab, dass ein hoher Milchkonsum in der Kindheit das Risiko für spätere Knochenbrüche sogar noch erhöhte.

In Ländern wie Dänemark und Schweden, in denen Milch und Milchprodukte fester Bestandteil der Ernährung sind, erkranken etwa 3 Mal so viele Menschen an Hüftfrakturen wie in China und Indonesien, wo ein großer Anteil der erwachsenen Bevölkerung keine Milch verträgt. Südostasien weist generell eine sehr geringe Frakturrate auf. Nach den Daten, die der Epidemiologe Walter Willett und der Endokrinologe David Ludwig, beide von der „Harvard T.H. Chan School of Public Health" in Boston, in ihrer Publikation vorstellen, steigt mit zunehmendem Verzehr von Milchprodukten das Knochenbruchrisiko. Milch führt zur Übersäuerung des Körpers. Um den Säuren Basen Haushalt wieder ins Gleichgewicht zu bringen, wird Kalzium aus dem Knochen entzogen und zwar mehr als Milch beinhaltet.

Länder mit einem hohen Milchkonsum weisen eine höhere Zahl an Osteoporose- und Arthritis-Fällen auf als Länder, die wenig bis gar keine Milch verzehren.

Ganz neu sind diese Erkenntnisse jedoch nicht. Schon mindestens seit dem Jahr 1997 weiß man aus der „Nurses' Health Study", dass der Verzehr von Milch keinen positiven Effekt auf die Knochendichte oder -stabilität hat und sogar das Risiko von Knochenbrüchen erhöhen kann. Aufgrund der in der Milch enthaltenen Wachstumshormone lässt sich beobachten, dass in Ländern mit einem hohen Milchkonsum die Kinder schneller wachsen und deren Bewohner generell größer sind. Die Knochen können sich nicht mehr in dem natürlichen Tempo entwickeln und werden größer als ursprünglich vorgesehen.

3.2 Entzündungen

Menschen, die unter Knochen- und Gelenkschmerzen leiden, spüren nach dem Verzehr von Milchprodukten stärkere Schmerzen. Der Grund dafür ist das Casein. Mit hoher Wahrscheinlichkeit ist bei den meisten Menschen deren jahrelanger Milchkonsum die Ursache für die Gelenkschmerzen. Der im Milchzucker enthaltene Einfachzucker „Galaktose" gilt als entzündungsfördernd. Laktose besteht zur Hälfte aus Galaktose.

In Prof. Michaëlssons Studie zeigten die Blutanalysen der Milchtrinker*innen erhöhte Entzündungswerte sowie einen erhöhten oxidativen Stresspegel. Entzündliche Prozesse sind in Kombination mit oxidativem Stress der Anfang nahezu jeder Krankheit. Ganz gleich, ob es sich um Bluthochdruck, Arteriosklerose, Diabetes, Arthritis, Osteoporose, Neurodermitis, Reizdarm, Allergien, chronische Nebenhöhlenentzündungen, Parkinson, entzündliche Darmerkrankungen, Alzheimer, Krebs oder was auch immer handelt. Der verfrühte Tod der Milchtrinker*innen ist daher die logische Folge. Wundern darf man sich nur über so manche gut gemeinten

Tipps, nicht selten direkt von Kinderärzt*innen, wie z. B. die Verabreichung von Laktose an kleine Kinder mit Verstopfung. Auf diese Weise wird schon in jungen Jahren die Saat für chronische Krankheiten gesät.

3.3 Unverträglichkeit

75 Prozent der gesamten Weltbevölkerung vertragen keine Milch. Diese Tatsache sollte für die Widerlegung der angeblich gesundheitlichen Vorteile bereits genügen. Tatsächlich ist sogar kein Mensch in der Lage, auch nur ein Glas Milch zu verkraften. Nur aufgrund der nachträglichen Zugabe von Lab wird die Verträglichkeit für einige wenige Organismen erst ermöglicht.

Tierisches Lab ist ein Gemisch aus verschiedenen Enzymen, dass natürlicherweise in der Magenschleimhaut junger Kälber vorkommt. Die speziellen Enzyme spalten das Milcheiweiß, sodass die Milch eindickt. Das Lab ermöglicht den Kälbern die Muttermilch zu verdauen. Jedes Säugetier besitzt ein spezielles Lab-Enzym, dass auf die eigene Muttermilch abgestimmt ist. In Europa stammen die meisten Milchprodukte von der Kuh, weshalb für unsere Lebensmittel häufig das Lab junger Kälber benutzt wird. Aber auch das Lab von Ziegen und

Schafen wird für die Herstellung gewisser Erzeugnisse verwendet. Die Qualität des Labs ist umso besser, je jünger das Tier war. Das liegt daran, dass diese besonders viel Muttermilch trinken und somit mehr Lab produzieren. Um tierisches Lab für Lebensmittel zu verwenden, werden die Tiermägen in eine spezielle Lösung eingelegt, wodurch sich das Enzym aus der Schleimhaut löst. Danach wird es in mehreren Schritten gereinigt und haltbar gemacht.

Bei der Laktoseintoleranz handelt sich um einen natürlichen Abwehrmechanismus, der den Körper vor den vielen Gefahren der Milch schützen soll. Der Organismus ist nicht in der Lage das Enzym Laktase zu bilden, welches benötigt wird, um den Milchzucker zu spalten. Sobald ein Mensch das Säuglingsalter verlassen hat, wird das Enzym nicht mehr gebildet und somit kann kein Milchzucker mehr abgebaut werden, der stattdessen im Darm vergärt. Dies führt zu krampfartigen Symptomen im Unterbauch, Durchfall, Blähungen oder Übelkeit. Auch Milcheiweiß wird von vielen Leuten nicht vertragen. Kopfschmerzen, Verdauungsprobleme und Atemwegsinfekte können die Folge sein.

Die Gesellschaft betitelt den natürlichen Zustand der Laktoseintoleranz fälschlicherweise als Krankheit. Anstatt auf die Warnsignale des Körpers zu reagieren, greift man zu Tabletten, die den Milchkonsum vorerst unbeschadet ermöglichen. Schließlich ist niemand bereit einen Teil seiner vermeintlichen Lebensqualität einzubüßen.

3.4 Kinderkrankheiten

Milch ist einer der Hauptgründe, dass viele Kinder ständig an Atemwegsinfekten, fiebrigen Erkältungen und Mittelohrentzündungen leiden. Auch das gehäufte Auftreten von Asthma ist bei manchen Kindern auf einen reichlichen Milchkonsum zurückzuführen. Das Risiko für diese Beschwerden steigt übrigens mit dem Verarbeitungsgrad der Milch. Je mehr Kraftfutter aus Gensoja und Genmais verabreicht wird und je weniger Auslauf eine Kuh hat, desto mehr schädlich Erreger bilden sich im Euter. Rohmilch aus artgerechter Haltung mit Weidegang und natürlichem Futter birgt weniger Risiken. Da die wenigsten Menschen Zugang zu einer solchen Milchqualität haben, fürchtet man sich heutzutage noch, trotz hoch technisierter Ställe und makelloser Melkanlagen, vor denselben milchbedingten Krankheiten wie im Mittelalter. Listeriose, Tuberkulose und EHEC.

Aus Studien weiß man längst, dass Kinder, die überwiegend Rohmilch trinken, ein bis zu 30 Prozent niedrigeres Risiko haben, an Atemwegsinfektionen zu erkranken als Kinder die behandelte Milch bekommen. Erhitzt man die Rohmilch vor dem Verzehr, so steigt das Krankheitsrisiko der Kinder merklich an. Wird die Milch dabei „nur" pasteurisiert, sind die Kinder bereits krankheitsanfälliger als die Rohmilch-Kinder. Trinken sie jedoch H-Milch, so leiden sie häufig an der gesamten Palette der heute üblichen Kinderkrankheiten. Andere Randfaktoren, wie beispielsweise die Ernährung der Kinder, konnten in den entsprechenden Studien als beeinflussende Parameter ausgeschlossen werden.

Rund 8.000 Kinder aus Österreich, Finnland, Frankreich, Deutschland und der Schweiz nahmen an der „Pasture-Langzeitstudie" teil, welche 2014 im „Journal of Allergy and Clinical Immunology" erschienen ist. Etwa die Hälfte lebte auf Bauernhöfen. Nach dem ersten Lebensjahr wurde das Blut der Kinder immunologisch untersucht. Die Milch erhöhte bei allen Kindern die Entzündungsmarker (CRP-Wert) im Blut. Wenn man jetzt noch bedenkt, in welch engem Zusammenhang hohe Entzündungswerte mit der Entwicklung chronischer Erkrankungen wie Asthma einhergehen, dann darf man sich nur noch wundern, wenn an Asthma erkrankte Kinder konsequent ihr tägliches Glas Milch serviert bekommen. Gefolgt von der Milchschnitte, dem Joghurt und vielen weiteren Milchprodukten. Dabei würden die Kinder von einer milchfreien Ernährung ganz erheblich profitieren. Kaum haben sie ihre Kindheit samt unzähliger Erkältungen und Mittelohrentzündungen überstanden, wartet in der Pubertät schon das nächste Übel der Milch.

3.5 Akne

Milch wurde in mehreren Studien mit der Entstehung von Akne in Verbindung gebracht. Die Forschungsergebnisse zeigen, dass Milchtrinker eine viel größere Chance haben Akne zu entwickeln, als Menschen, die auf Milch verzichten. Durch den Verzehr von Milch steigt der Insulinspiegel sehr stark an. Bei der Insulinausschüttung wird eine gesteigerte Zellteilung der Keratinozyten (Zellen der Oberhaut) ausgelöst und somit Wachstumsfaktoren freigesetzt, die in Form von Akne sichtbar werden. Zudem verträgt der menschliche Körper Milchzucker mit fortschreitendem Alter immer schlechter. Da dieser dennoch versucht, den Zucker zu verarbeiten, sind Entzündungen der Haut vorprogrammiert. Umgangssprachlich bezeichnet man diesen Zustand auch als „Milchgesicht". Allein durch ein Glas Milch täglich besteht ein potenzielles Risiko, Akne zu entwickeln.

3.6 Sucht

Casomorphine sind ein Bestandteil der Muttermilch, welche dafür sorgen, die enge Bindung zwischen Mutter und Säugling zu stärken. 2016 entdeckten Forscher*innen der Universität von

Michigan, dass die in Milch und Käse vorhandenen Casomorphine süchtig machen können. Im Käse sind sie höher konzentriert als in der Milch. Grund dafür ist der deutlich höhere Gehalt an Milchfett und -protein im Käse. Beim Menschen passieren die Casomorphine die Blut-Hirn-Schranke und binden sich an die Opioid-Rezeptoren des Gehirns. Diese Rezeptoren sind auch für den rauschähnlichen Zustand nach der Einnahme von Morphium zuständig. Das erklärt, warum die meisten Menschen mir erzählen, dass sie nicht auf Käse verzichten könnten. Fleisch, Eier und Milch wären noch vorstellbar, aber Käse? Auf keinen Fall.

3.7 Diabetes

Kaum ein anderes Lebensmittel verfügt über so viele Kalorien und Fettkalorien wie Käse. 100 Gramm Appenzeller haben rund 386 Kilokalorien, Bergkäse sogar 400, wird aber noch von Parmesan mit 431 Kilokalorien getoppt. Besonders die Fettkalorien sind gefährlich, weil sie vom Körper als Fettdepots anlegt werden. Je höher der Fettgehalt von Käse ist, desto höher ist auch sein Anteil an gesättigten Fettsäuren, die den Cholesterinwert im Blut ansteigen lassen. Diese begünstigen zudem Fettleibigkeit und Herz-Kreislauferkrankungen. Fettreduzierte Produkte sind nicht zu empfehlen, da diese stark verarbeitet werden und den Heißhunger erst richtig anheizen.

Mehrere Studien zeigen einen Zusammenhang zwischen Diabetes Typ 1 und dem Milchverzehr. Als Autoimmunerkrankung entwickelt sich Diabetes Typ 1 dann, wenn das Immunsystem plötzlich der Meinung ist, die Insulin produzierenden Zellen der Bauchspeicheldrüse seien gefährliche Feinde, die umgehend vernichtet werden müssen. Da das „Head Office" des Immunsystems im Darm lokalisiert ist, spielt die Darmgesundheit bei der Entwicklung von Autoimmunerkrankungen eine wichtige Rolle. Die Proteine der Milch, vor allem das sogenannte A1-Beta-Casein, haben einen negativen Einfluss auf das Darmmilieu und begünstigen somit Irritationen des Immunsystems, wie eben auch Diabetes Typ 1.

Im Einklang dazu konnte in einer anderen Studie gezeigt werden, dass Stillen mit Muttermilch vor dem Ausbruch von Diabetes Typ 1 schützen kann. Es ist daher äußerst empfehlenswert, Säuglinge nicht mit Fertigmilch zu füttern, sondern sie ganz einfach zu stillen.

3.8 Früher Tod

Im Zeitraum der Studie von Professor Michaëlsson und seinem Team starben 15.000 Frauen und 10.000 Männer. Die Forscher*innen ermittelten, dass offenbar gerade jene Personen verfrüht starben, die besonders gerne Milch tranken. Mehr als drei Gläser Milch täglich erhöhten das Sterberisiko demnach am drastischsten. Bei Frauen war diese Wirkung stärker ausgeprägt als bei Männern, was zeigt, wie unverantwortlich es ist, Frauen in den Wechseljahren zu hohem Milchkonsum zu raten, um vor Osteoporose zu schützen. Der Schutz tritt nicht ein und das Leben endet früher.

3.9 Ethik

Nehmen wir an, ich würde eine Frau in meiner Besenkammer gefangen halten und diese schwängern, um meinen täglichen Kaffee mit frisch gezapfter Milch zu veredeln. Ihr Baby kommt natürlich in die Pfanne. Du kannst dir vorstellen, was mich für eine Strafe sowie Ansehen in der Gesellschaft erwarten. Mache ich das mit einer Kuh, ist das völlig legitim. Begeisterte Anfragen, einen Kaffee bei mir verkosten zu dürfen oder wann ich das nächste Baby erwarte, würden mich stattdessen überrollen. Sie möchten schließlich ein neues Kalbsbraten-Rezept ausprobieren. Wo zur Hölle ist der Unterschied? Ich sehe keinen.

Stress, Panik, Schmerz und Tod. Das beschreibt zusammengefasst das Leben von industriell gehaltenen Tieren. Die natürliche Lebenserwartung einer Kuh beträgt bis zu 25 Jahren. In der Industrie, welche fast die absolute Mehrheit aller weltweiten Viehbestände stellt, erreichen Kühe maximal ein Alter von 4 bis 5 Jahren. Medikamente und genmanipulierte Nahrung sorgen dafür, dass die Tiere schnellstmöglich geschlechtsreif werden. Selbst die Nahrungsaufnahme ist für die Tiere eine Qual. Sie würden freiwillig kein Mais und Soja fressen, weil Gras deren natürliche Nahrungsquelle ist. Da ihnen aber die Wahl genommen wird, müssen sie sich mit dem künstlichen Kraftfutter zufriedengeben. Vom Genuss grüner Wiesen können sie lediglich Träumen.

Damit die Kühe durchgehend Milch geben, sind sie fast ihre gesamte Lebenszeit schwanger. Um diesen Zustand zu garantieren, werden sie immer wieder durch den Arm eines Menschen befruchtet. Eigentlich produzieren Kühe nur 8 Liter Milch am Tag. Diese Menge reicht aus, um deren Kälber zu versorgen. Die Profitgier der Menschen hat die Milchleistung mittlerweile auf 50 Liter pro Tag hochgezüchtet. Zudem werden die Kühe rund 300 Tage im Jahr gemolken. Also auch in Zeiten der Schwangerschaft. Dank der Überlastung der Tiere erkranken diese häufig an einer Mastitis. Hierbei handelt es sich um eine Eutererkrankung, wodurch Eiter und Keime in die Milch gelangen. Ob jede Mastitis immer sofort entdeckt wird, darf bezweifelt werden.

Kälber werden direkt nach der Geburt separiert und innerhalb ihrer ersten sechs Lebenswochen ohne Betäubung mit einem Brennstab enthornt. Die Hörner sind wichtige Sinnesorgane der Tiere. Sowohl Mutter als auch das Kalb hört man noch wochenlang schreien und ja sogar weinen. Verrückt oder? Dabei schenken dir die glücklichen Kühe auf den Tetra Paks stets ein lächeln. Es ist belegt, dass Tiere exakt die gleichen Gefühle wie Menschen empfinden. Warum auch nicht? Wir gehören schließlich zur selben Gattung.

Stell dir also vor, dein Leben beginnt und die ersten Emotionen, die du empfindest, sind Stress, Angst und Einsamkeit. Deine Mutter wirst du nie kennenlernen sowie den Geschmack der für dich so wichtigen Muttermilch. Alles was du in deinem kurzen Leben sehen wirst, ist ein dunkler Stall. Jeden Tag das gleiche eklige Essen. Dein Körper schmerzt, weil du zu schnell wächst und immer fetter wirst. Bewegungsmangel und Krankheiten verschlimmern deinen Gesundheitszustand, bis dein Skelett schließlich unter deinem Gewicht zusammenbricht. Spätestens jetzt ist deine Psyche komplett zerstört. Bist du eine Kuh, erwartet dich ein halbes Jahrzehnt der Vergewaltigung in der Milchindustrie. Als männliches Tier hast du bessere Karten, da du in

Kürze durch die langersehnte Hinrichtung erlöst wirst.

Diese erfolgt durch einen Bolzenschuss in den Kopf, welcher selten erfolgreich ist. Das Ziel, das Gehirn zu zertrümmern, wird oft verfehlt, da die enorme Schädeldecke das verhindert. Die Tiere werden lediglich ohnmächtig und wachen häufig bei ihrer Zerlegung in Einzelteile oder im Brühbad, wo sie dann lebendig gekocht werden, wieder auf. Bei einer anderen Tötungsvariante hängt man das Tier an einem Bein auf und schneidet ihm bei vollem Bewusstsein die Kehle auf.

3.10 Profit

Milch ist in Deutschland unglaublich günstig, weil diese vom Staat subventioniert wird. Die Bauern bekommen zusätzlich zum Verkaufspreis einen Zuschuss pro Liter. Aber wieso hat denn der Staat ein Interesse an einem exzessiven Massenkonsum dieser giftigen Substanz? Doch nicht etwa, um von immens hohen Steuereinnahmen der Pharmaindustrie zu profitieren? Nein, das wird es bestimmt nicht sein. Der größte Gewinner ist tatsächlich die Pharmaindustrie, weil sie Millionen an den durch Milchkonsum erkrankten Verbrauchern verdient. Dazu kommt noch der Absatz an Tabletten für Menschen, die keine Milch vertragen, aber nicht darauf verzichten wollen. Den mit Abstand höchsten Umsatz generiert sie durch den Medikamentenverkauf an die Zuchtbetriebe.

Kapitel 4 – Eier

Theoretisch gesehen handelt es sich bei einem Ei um die Menstruation des Huhns, auch wenn man diese nicht mit der von Säugetieren vergleichen kann. Ursprünglich sollten die meisten Eier befruchten sein, damit neues Leben entsteht. Stattdessen greift der Mensch abermals in natürlich Prozesse ein und stopft sich das „Nichtbefruchtete-Geburtsprodukt" in den Mund.

4.1 Gesundheitsrisiken

Fast jeder Deutsche isst durchschnittlich 231 Eier jährlich. Sie gehören zu den Tierprodukten mit dem höchsten Cholesterinanteil, wobei es sich um das besonders schädliche LDL-Cholesterin handelt. Die empfohlene Tagesdosis beträgt 300 Milligramm. Ein Ei enthält bereits 280 Milligramm Cholesterin. Zudem beinhalten Eier ungünstige Fett-Zusammensetzung mit einem hohen Anteil an gesättigten Fettsäuren, welche das Risiko für Bluthochdruck, Arteriosklerose und Herzinfarkt erhöhen. Wie bei allen tierischen Erzeugnissen findet man in Eiern auch Antibiotika- und Hormonrückstände. Die Folgen sind dir ja bereits bekannt. Immer häufiger werden auch krebserregende Dioxine gefunden.

Aufgrund der überfüllten Hühnerställe sind Eier der ideale Wirt für Salmonellen. Diese Bakterien sind eine der Hauptursachen für Lebensmittelvergiftungen. „Ich bin doch nicht so dumm und esse rohe Eier." Doch bist du, wenn dir nicht bewusst ist, dass viele Lebensmittel, wie z. B. Speiseeis, Tiramisu und Mayonnaise, rohe Eier beinhalten. Es ist sogar möglich, eine Lebensmittelvergiftung zu erleiden, ohne das Ei zu essen, weil sich die Salmonellen auch auf der Schale befinden. Fasst du dir, nachdem du das Ei berührt hast, an den Mund, können die Salmonellen in deinen Körper gelangen. Folglich sind ebenfalls alle Küchenutensilien kontaminiert, die in Kontakt mit dem Ei kamen.

4.1 Ethik

Jedes Jahr sterben allein in Deutschland etwa 50 Millionen Küken aufgrund des unerwünschten Geschlechts. Männliche Küken sind für die Eierindustrie wertlos und ihre Aufzucht für die Fleischproduktion nicht profitabel genug. Den Vorgang nennt man „Sexen". Diese sogenannten Eintagsküken werden direkt nach dem Schlüpfen vergast oder geschreddert. Zu Fortpflanzungszwecken legen Hühner ursprünglich nur ca. 18 Eier im Jahr. Getrieben von der Profitgier hat der Mensch die Tiere auf eine Legeleistung von bis zu 300 Eier jährlich hochgezüchtet. Geschwächte Körper, sowie entzündete Eileiter und Kloaken sind die Folge.

Bei der Haltung von Hühnern in großen Gruppen kommt es häufig zu Kämpfen und Kannibalismus. Anstatt die Hühner deswegen in kleineren Gruppen unterzubringen, werden ihnen bereits als Küken die Schnabelspitzen ohne Betäubung und mit heißen Klingen oder einem Laser abgetrennt, wobei die Tiere starke Schmerzen erleiden. Hennen in der Eierproduktion werden nach einem Jahr geschlachtet, weil dann die Legeleistung nachlässt. Viele sterben schon früher aus Erschöpfung. Normalerweise haben Hühner eine Lebenserwartung von 20 Jahren.

Zur Bildung der Eierschale wird Kalzium benötigt. Durch die enorme Legeleistung wird den Knochen das wichtige Kalzium entzogen, was wiederum zu Knochenbrüchen, Osteoporose und Knochenverformungen führt. Stressbedingt tragen die Tiere kaum noch Federn am Körper, leiden an Durchfall und allgemeiner Schwäche.

Wer im Supermarkt ausschließlich zu Bio-Eiern greift und sich dadurch bereits als Anwärter auf das Bundesverdienstkreuz sieht, vergisst, dass die Eier in Fertigprodukten aus der Bodenhaltung stammen. Damit die Tiere den Krankheitsdruck und dauernden Stress überleben, werden zusätzlich große Mengen Antibiotika sowie diverse andere Medikamente in das Futter beigemischt. Das gilt auch für die Tiere in Biobetrieben, die weniger als 5

Prozent des gesamten Hühnerbestands in Deutschland bilden. Die Hühner haben lediglich ein wenig mehr Platz und bekommen besseres Futter. Glücklicher werden sie dadurch nicht. Bezüglich aller Tiere sprechen Menschen häufig von „artgerechter" Haltung. Keine der praktizierten Methoden wird dem Begriff gerecht. Artgerecht würde bedeuten, dass ihr verdammt noch mal die Tiere in Ruhe lasst und ihnen ein Leben in Freiheit gewährt.

Kapitel 5 – Fisch

Alle tierischen Produkte sind für den menschlichen Organismus schädlich. Warum sollten also ausgerechnet Meerestiere eine Ausnahme bilden? Zumal das Meer für den Menschen ein lebensfeindliches Gebiet ist. Die Natur sieht nicht vor, dass der Mensch in die Ozeane vordringt. Unsere Spezies wird auch hier wieder von ihrem unstillbaren Trieb der Erkundung und Eroberung gesteuert, vor dem auch das Weltall nicht sicher ist. Würde es dort erreichbare Lebewesen geben, hättet ihr diese bereits versklavt und abgeschlachtet.

5.1 Omega 3

Das obligatorische Argument der Omega-3-Fettsäuren kannst du dir sparen, da diese nicht von den Fischen selbst gebildet werden. Fische nehmen die Omega-3-Fettsäuren EPA und DHA über Mikroalgen auf und lagern sie in ihrem Körper ein. Wer Fisch isst, hat daher eine gewisse Chance, darüber auch Omega-3-Fettsäuren aufzunehmen. Die pflanzliche Welt bietet genügend bessere Quellen, welche keine Gesundheitsrisiken zur Folge haben, da Fische schädliche Fette beinhalten.

Herzpatienten wird seit Jahren empfohlen, auf eine Omega-3-fettreiche Ernährung zu setzen, um Infarkten und Schlaganfällen vorzubeugen. Würden Menschen auf tierische Produkte verzichten, müssten sie die besagten „Schicksalsschläge", wie sie es betiteln, erst gar nicht befürchten. Das ist kein Schicksal, das ist Karma. Der verdiente Lohn für die Tierquälerei, Massenmorde und Vergewaltigung des eigenen Körpers. Warum also verhalten Menschen sich so dumm und nehmen Nahrung zu sich, die sie umbringt? I don't get it.

In einer Ausgabe des „Canadian Journal of Cardiology" zweifeln die kanadischen Forscher am guten Ruf der Fette. Sie haben Hunderte von Studien genauer unter die Lupe genommen und auf ihre Qualität untersucht. Ihnen zufolge haben Omega-3-Fettsäuren keinen Nutzen für die Herzgesundheit. Im „European Journal of Heart Failure" wurde die „Rotterdam-Studie" aus Holland veröffentlicht, in der 5.000 ältere Menschen über einen Zeitraum von 12 Jahren beobachtet wurden. Dabei zeigte sich, dass der Verzehr von Fisch keinen positiven Einfluss auf Herzkrankheiten hat.

Die Wirkung, von den in Fischölkapseln hoch konzentrierten Omega-3-Fettsäuren, wird von der Wissenschaft in den vergangenen Jahren immer stärker angezweifelt. US-Forscher fanden heraus, dass zu hohe Dosen einen gegenteiligen Effekt auf die Gesundheit haben. Eine zu hohe Konzentration an Omega-3-Fettsäuren im Blut kann bei Männern das

Risiko erhöhen, an Prostatakrebs zu erkranken. Eine Studie französischer Forscher kam zu dem Schluss, dass Nahrungsergänzungsmittel mit Omega-3-Fettsäuren Krebserkrankungen nicht vorbeugen, sondern diese sogar begünstigen.

In einer dänischen Studie mit über 23.000 Frauen wurde der Einfluss des Fischkonsums auf das Brustkrebsrisiko mit folgendem Resultat untersucht. Der tägliche Verzehr von 25 Gramm Fisch erhöhte das Brustkrebsrisiko um 13 Prozent. Wurde täglich mehr Fisch konsumiert, z. B. die zwei- oder dreifache Portion, stieg auch proportional das Brustkrebsrisiko. Fischkonsum hat somit keine gesundheitlichen Vorteile. Fisch ist ebenso wie Fleisch, Milch und Eier, ein ernährungsphysiologisch überflüssiges Nahrungsmittel, das mit erheblichen gesundheitlichen Risiken behaftet ist.

5.2 Parasiten

Anfang 2018 klagte ein Mann in den USA über starke Bauchschmerzen, blutigen Durchfall und Juckreiz am ganzen Körper. Wie sich im Krankenhaus herausstellte, hatte der Mann Tausende Bandwürmer in seinem Körper. Auslöser war offenbar kontaminiertes Sushi. Sicherlich wird deine Antwort auf diesen Bericht sein, dass es sich hierbei um einen Einzelfall handelt. Tatsächlich kommen wurmbefallene Sushis häufiger vor, als man denkt. Auch in Deutschland wird immer mehr roher Fisch serviert.

Der Verzehr birgt das Risiko von Wurmbefall, weil Fische oft Zwischenwirte für Parasiten und Fadenwürmer sind. Das Hepatitis-A-Virus kann man sich in allen südlichen Ländern relativ leicht zuziehen. Das Tropeninstitut München warnt besonders vor Schalentieren und Muscheln aus dem Mittelmeer, da diese zu 40 Prozent verseucht sind. Doch auch viele anderen Fischarten sind vom Anisakis-Wurm befallen. Dieser kann ernsthaft krank machen und neben Schwindel und Übelkeit auch zu einem Darmdurchbruch führen.

5.3 Verderb

Fisch fördert Fäulnis-Prozesse, die schlechten Körper- und Mundgeruch begünstigen. Kein anderes Lebensmittel verdirbt so schnell wie Fisch. Wenn er nicht ständig auf Eis gelagert wird, setzt schon kurz nach dem Fang der Fäulnisprozess ein. Die meisten Seefische, die in den Geschäften angeboten werden, haben bereits drei bis zehn Tage auf Eis gelegen, manche sogar zwei Wochen.

An der Aufnahme tierischer Eiweiße erfreuen sich die Fäulnisbakterien und gedeihen prächtig. Diese Bakteriengattung bildet unangenehm riechende sowie schädliche Gase und belastet Darmflora und Organismus sehr stark. Im Darm entstehen giftige Substanzen, z. B. Ammoniak, Phenole, Indole, Amine, N-Nitroso-Verbindungen und Sulfide. Viele von diesen Giften fördern Darmentzündungen, Reizdarm, Colitis, Polypen und Darmkrebs.

5.4 Giftstoffe

Durch Auswaschung von Gesteinen, aus vulkanischen Quellen am Meeresboden, und umweltbelastender Industrietätigkeit reichern sich große Mengen von Schwermetallen und Umweltgiften in den Meerestieren an. Dioxine und die dioxinähnlichen polychlorierten Biphenyle (PCB) sind ebenfalls in Fisch enthalten und stark krebserregend. In Fischen und Meeresfrüchten lassen sich außerdem oft Spuren von Schwermetallen wie Arsen nachweisen. Eine hohe Dosis kann Haut- und Leberkrebs auslösen. In manchen Fischen und Fischprodukten wird Quecksilber oberhalb der tolerierbaren Grenze gefunden. Wissenschaftler sind sich einig, dass Methylquecksilber ein äußerst gefährlicher Stoff ist. Weitere Schwermetalle in Fischen sind Cadmium und Blei.

Hauptursache für Schwermetallbelastungen im Körper ist meistens das Essen von Fischen und Schalentieren. Die Folge sind Gesundheitsprobleme wie Nierenschäden, Nervenkrankheiten, Multiple Sklerose, gestörte geistige Entwicklung und Krebs.

Fische und Meeresfrüchte sind nicht so gesund, wie die Medien propagieren. „Schadstoff-Endlager" ist eine hervorragende Bezeichnung für das Objekt auf deinem Teller. Je mehr Fisch du verzehrst, desto kränker machen dich die darin enthaltenen Gifte. Trotzdem empfiehlt die deutsche Gesellschaft für Ernährung, zweimal pro Woche Fisch zu essen. Selbstverständlich priorisiert der Staat die Gesundheit der Industrie und nicht die der Verbraucher.

Weltweit treten nach Fischmahlzeiten häufig Erkrankungen durch das Gift „Ciguatoxin" auf. 10.000 bis 50.000 Mal vergiften sich jedes Jahr Menschen damit. Fast ausschließlich passiert dies in warmen Regionen, weil das Gift von Einzellern mit dem wissenschaftlichen Namen „Gambierdiscus" produziert wird. Da sich Dioxine und andere organische Chlorverbindungen vor allem im Fett anreichern, sind die Konzentrationen in stark fetthaltigen Fischen wie Heringen höher. Fisch ist die größte Ursache für Methylquecksilber in menschlichen Organismen. Im Meer vor Südostasien können Dioxine noch auch aus dem Entlaubungsmittel „Agent Orange" stammen, welches im Vietnamkrieg als Waffe eingesetzt wurde. Wildlachs,

Hering und Dorschleber aus der östlichen Ostsee enthalten ebenfalls große Mengen an Dioxin und PCB.

Beim Räuchern von Fisch werden krebserregende Substanzen erzeugt. Es handelt sich dabei um die polyzyklischen aromatischen Kohlenwasserstoffe (PAK), die bei der Verbrennung von organischen Materialien entstehen.

Da Zuchtfische durch die Gefangenschaft unter Dauerstress stehen, werden Medikamente zur Krankheitsvorbeugung ins Wasser geschüttet. So zum Beispiel auch Malachitgrün. Dieser Zusatzstoff schützt Fische vor Pilzbefall und Parasiten. Obwohl das Mittel verboten ist, setzen Züchter es immer wieder ein. Die Fische werden mit Fischmehl gefüttert, das aus Abfällen der Fischindustrie hergestellt wird. Diese enthalten oft Umweltgifte, wie z. B. Polyethylen, Bisphenol A, Furanen und Dioxin in konzentrierter Form. Über 10.000 Tonnen Fischmehl landen jährlich in Karpfen- und Forellenteichen. Auf diesem Weg gelangen die Gifte in deinen Körper. Fleisch, Fisch und Fischöl enthalten wesentlich mehr Dioxin als Gemüse, weil es sich im Fettgewebe der Tiere anreichert.

5.5 Kill your baby

Nach jeder Portion Zuchtlachs kann man Ethoxyquin in deinem Körper nachweisen. Hierbei handelt es sich um ein Pflanzenschutzmittel, dass verwendet wird, um Fischmehl und Fischöl haltbar zu machen. Ethoxyquin lässt sich auch bei jungen Müttern in der Muttermilch nachweisen. Diese achten in der Regel verstärkt auf ihre Ernährung, da die Gesundheit ihrer Neugeborenen davon beeinflusst wird. Ihnen wird vermittelt, dass Fisch gesund ist und unbedingt verzehrt werden muss, um dem Baby die vermeintlich guten Nährstoffe zu liefern.

Mit ausschließlich chemiefreier Pflanzenkost wäre dies möglich. Stattdessen bekommen Menschenbabys einen Shake aus Antibiotika, Schwermetallen, Plastik, Pflanzenschutzmittel und diverse andere Chemikalien. Das im Fisch enthaltene Methylquecksilber kann vor allem zu Nervenschädigungen führen. Quecksilber findet man häufig im Fleisch von Fischen, die in der Nahrungskette weiter oben stehen, insbesondere im Thunfisch. Säuglinge und Kleinkinder sind hinsichtlich der neurotoxischen Wirkungen von Quecksilber besonders gefährdet, weil sie sich auch nach der Geburt in einem Stadium der nicht abgeschlossener Organentwicklung befinden, dass das Nervengewebe besonders anfällig macht.

5.6 Ethik

Drängt sich dir das romantische Bild des Sportfischers auf, so stell dir vor, wie ein Angelhaken deine Lippe durchbohrt, während du erstickst. Ein wunderbares Hobby. Dr. Donald Broom, Professor für Tierschutz an der Cambridge-Universität, kam mit seinen Forschungen zu dem Ergebnis, dass das Nervensystem von Fischen praktisch dasselbe ist wie das von Vögeln und Säugetieren. Gefangene Fische ersticken qualvoll und häufig reißt deren Schwimmblase durch den Druckabfall. Die Mühe, die Fische zu erschlagen, spart man sich gerne und schlitz ihnen stattdessen lebendig den Bauch auf.

Shrimps werden oftmals im Ausland, vor allem in Thailand gezüchtet und in die ganze Welt transportiert. Über einige Monate vegetieren die Tiere in Teichen vor sich hin. Durch den enorm gezüchteten Bestand liegen sie übereinander in ihrem eigenen Kot. Die Teiche gleichen eher einer Kloake als einem Ort, der zum Leben dient. Die Züchtung der Tiere riskiert zu dem die Gesundheit der einheimischen Bevölkerung, weil die eingesetzten Schadstoffe die Böden und das Grundwasser verseuchen.

Zuchtlachse müssen bis zu ihrer Schlachtreife ca. 400 Gramm Antibiotika fressen. Die Medikamente und Chemikalien werden direkt ins Wasser gegeben, wodurch die gefährlichen Substanzen ins Ökosystem gelangen. Des Weiteren werden Lachse gegen Krankheiten geimpft, da sie aufgrund des Platzmangels in den Aquakulturen nicht lange überleben würden. Der generelle Ausbruch von Krankheiten lässt sich aber nicht komplett vermeiden, welche sich auch auf ihre freilebenden Artgenossen übertragen und somit den Wildbestand gefährden.

Kapitel 6 – Umwelt

Die Herstellung von tierischen Produkten gehört zu den führenden Gründen für den menschengemachten Klimawandel. Falls dich also nicht bereits deine Nahrung umgebracht hat, so werden es die Folgen deiner „Esskultur" vollbringen. Das Wort Kultur ist in diesem Zusammenhang völlig unpassend gewählt, da wir vom barbarischen Abschlachten der Umwelt und ihrer Lebewesen reden.

Aufgrund der Massentierhaltung, in der die Tiere nicht mit ihrer natürlichen Nahrung gefüttert werden, stehen diese mittlerweile in Nahrungskonkurrenz zum Menschen. In Deutschland leben so viele Nutztiere, dass das Land von Importen abhängig ist, um die Massen füttern zu können. Das Futter stammt in der Regel aus Südamerika. „Regionale" Tierprodukte sind daher besonders klimaschädlich. Anstatt also ein mit Fleisch beladenes Containerschiff in Südamerika auf die Reise zu schicken, werden für die gleiche Fleischmenge mehrere Schiffe benötigt, die das Futter nach Europa transportieren.

6.1 Treibhausgase

Die „Food and Agriculture Organization" schreibt der Tierwirtschaft rund 30 Prozent der weltweit ausgestoßenen Treibhausgase zu. Den größten Teil dieser Treibhausgase verursacht die Tierhaltung. Die Emissionen entstehen zum einen direkt durch den Verdauungsprozess oder die Ausscheidung der Tiere, zum anderen indirekt durch den globalen Transport sowie die Abholzung der Wälder für die Anpflanzung von Futtermittel und Weideflächen. Durch die Verdauung einer Kuh entstehen 22 Kilogramm Treibhausgase pro Kilogramm Fleisch. Mit einer veganen Ernährung kannst du deinen CO_2-Fußabdruck dagegen stark reduzieren.

Landwirtschaftliche Nutztierhaltung verursacht weltweit jährlich mehr Treibhausgasemissionen als der gesamte Transportsektor.

Täglich produzieren Rinder allein in Deutschland 2,5 Milliarden Liter Methan. Ein Kleinwagen müsste die Welt 5,6 Millionen Mal umrunden, um den gleichen Klimaschaden zu verursachen. Durch den global steigenden Fleisch- und Milchkonsum wird der Gesamtanteil der Landwirtschaft an den Treibhausgasen bis 2050 auf schätzungsweise 50 bis 80 Prozent ansteigen. Die fünf größten Fleisch- und

Milchproduzenten der Welt stoßen laut Berechnung des „Institute for Agriculture and Trade Policy" mehr Treibhausgase aus als der größte Mineralölkonzern „ExxonMobil". Die 20 größten Fleisch- und Milchproduzenten der Welt verursachen sogar mehr Treibhausgase als Deutschland. Laut dem Umweltbundesamt ist deren Beitrag zur Klimaerwärmung so hoch, dass die weltweit gesetzten Klimaziele bis 2050 nur erreicht werden können, wenn der Konsum tierischer Produkte deutlich reduziert wird. Da aber weder die Verbraucher noch die Industrie bereit sind ihr Verhalten zu ändern, ist somit die weitere Verfolgung der Klimaziele überflüssig.

6.2 Flächennutzung

Landwirtschaftliche Nutztierhaltung ist für 91 Prozent der abgeholzten Fläche des Amazonas-Regenwaldes verantwortlich. Jede Sekunde werden ca. 6.000 Quadratmeter Regenwaldfläche abgeholzt, was fast der Größe eines Fußballfeldes entspricht. Hauptsächlich wird dort Soja angebaut. Ganz Europa bezieht Soja aus Südamerika, um seine Nutztiere zu füttern. Dadurch wird das Artensterben vorangetrieben und zerstört einen großen Kohlenstoffspeicher der Erde. 40 Prozent des Regenwaldes sind bereits gerodet. Alles nur für ein Stück giftiges Fleisch auf deinem Teller.

Die Nutzung einer Fläche zum Anbau von Sojabohnen liefert 15 Mal mehr Protein als die Nutzung der gleichen Fläche für die Haltung von Nutztieren. Anstatt die pflanzliche Nahrung, welche proteinreicher, gesünder und umweltfreundlicher ist, direkt zu verzehren, wird diese an die herangezüchteten Tiermassen verfüttert. Nur 2 Prozent der weltweiten Sojaernte wird direkt verzehrt oder zu Produkten wie Tofu und Sojamilch verarbeitet. Der Soja, der zu Nahrung für Menschen verarbeitet wird, wächst in der Regel in Europa. Bio-Soja kommt oft aus Deutschland.

Der Forscher für „Environmental Sustainability and Public Health" Dr. Marco Springmann von der Oxford Universität erforscht seit vielen Jahren, welche Auswirkungen der Konsum tierischer Produkte auf die Umwelt haben. Seinen Berechnungen zur Folge stünden etwa 33 Millionen Quadratkilometer Land zur Verfügung, wenn keine Nutztiere mehr existieren würden. Diese Fläche ist größer als der gesamte afrikanische Kontinent, in der nicht die Fläche mit eingerechnet ist, auf der das Tierfutter angebaut wird. Diese würde dann ebenfalls wegfallen. 80 Prozent der Produktion finden in Argentinien, Brasilien und den USA statt. Allein in Brasilien müssen dafür einzigartige Savannenflächen wie die Cerrados und der Regenwald weichen.

98 Prozent der globalen Sojaernte wird an Nutztiere verfüttert. Die Bohnen sind ein beliebtes Futtermittel für Masttiere, da diese dadurch besonders schnell zunehmen. Auch sehr beliebt ist der Glaube, eine vegane Weltbevölkerung wäre unrealistisch, weil der Planet nicht genügend Anbauflächen bietet.

Weltweit werden jährlich ca. 150 Milliarden Nutztiere geschlachtet. Die gesamte Weltbevölkerung besteht lediglich aus nur fast 8 Milliarden Menschen.

Diese Zahlen zeigen deutlich, dass ein Bruchteil der aktuell bestehenden Anbauflächen reichen würde, um jeden Erdenbewohner mit pflanzlicher Kost zu sättigen, ohne auch nur einen Quadratmeter des Regenwaldes zu roden. Zudem gäbe es die enormen Tiermassen nicht, welche aktuell zusätzlich gefüttert werden. Die Viehzucht ist einer der Hauptgründe, warum etwa eine Million Tier- und Pflanzenarten vom Aussterben bedroht sind. Sie stiehlt ihnen den Lebensraum und die Nahrungsgrundlage.

6.3 Welthunger

Laut der „Food and Agriculture Organization"
wird sich der weltweite Fleischkonsum bis zum
Jahre 2050 auf bis zu 465 Millionen Tonnen pro Jahr
verdoppeln. Angesichts der Tatsache, dass täglich
ca. 25.000 Menschen an den Folgen von Unter- und
Mangelernährung sterben und weltweit mehr als
800 Millionen Menschen an Hunger leiden, stellt
sich die Frage, ob ein derart hoher Fleischkonsum
der Industriestaaten überhaupt noch zu rechtfertigen ist.

So herrscht Hunger trotz einer weltweiten Getrei-
deernte von 1,57 Milliarden Tonnen. Das so viele
Menschen an Hunger leiden, während Tiere gemäs-
tet werden, macht ein Verteilungsproblem von
Nahrung sichtbar. Bis zu 16 Kilogramm Getreide
werden benötigt, um gerade mal 1 Kilogramm
Fleisch zu produzieren. Wenn man bedenkt, wie
viel Menschen man mit 16 Kilogramm Getreide
sattbekommt und wie wenige mit 1 Kilogramm
Fleisch, wird die schädlich Ressourcennutzung
deutlich. Eine vegane Weltbevölkerung kann den
globalen Welthunger eliminieren.

6.4 Ressourcenverschwendung

Die Fleischherstellung ist unglaublich ineffizient. Sie verschlingt riesige Ressourcen an Wasser und Getreide, doch nur aus einem Bruchteil des Futtermittels entsteht essbares Fleisch. Das meiste wird in Wärme und Methan umgewandelt, welche die Umwelt belasten und den Klimawandel fördern. Neben der Bereitstellung von Futtermittel und Wasser werden zudem weitere Ressourcen für den Transport und die Stromerzeugung benötigt.

Hühner wandeln ungefähr zwei Drittel des Futters zu Mist und Wärme um. Nur etwa ein Drittel wird zum gewünschten Tierprodukt. Rindfleisch ist besonders ressourcenintensiv. Es braucht 20 Mal so viel Land und es entstehen 20 Mal so viele Treibhausgase, pro Gramm essbarem Eiweiß, als bei pflanzlichen Eiweißen, etwa aus Bohnen, Erbsen und Linsen.

Über 54 Millionen Tiere landen in Deutschland jährlich im Hausmüll.

Laut der „Heinrich Böll Stiftung" (Fleischatlas extra) werden in Deutschland jährlich pro Kopf über 4 Kilogramm Fleisch verschwendet. Das klingt erst mal wenig, aber auf alle Verbraucher gerechnet sprechen wir von 346 Millionen Kilogramm Fleisch, das allein in Deutschland jährlich im Abfall landet. Umgerechnet auf Schlachttiere sind das 230.000 Rinder, 1.800.000 Enten, 2.700.000 Puten, 4.100.000 Schweine und 45.000.000 Hühner, die von uns Verbrauchern jedes Jahr achtlos in den Müll geworfen werden.

Die unglaublich vielen Ressourcen, die benötigt wurden, um die Millionen Tierprodukte herzustellen, wurden somit zu 100 Prozent verschwendet. Zudem wird bei der Entsorgung der Müllberge noch mehr CO_2 in die Atmosphäre freigesetzt. Die Zahlen im „Fleischatlas extra" erfassen nur die Menge an weggeworfenen Lebensmitteln in den Privathaushalten, aber gerade im Lebensmitteleinzelhandel landen täglich tonnenweise unverdorbene Nahrungsmittel im Müll.

Für ein Kilo Fisch werden bis zu zehn Kilo Meerestiere tot oder sterbend zurück ins Meer geworfen.

Bis zu 38 Millionen Tonnen Beifang, also 40 Prozent des weltweiten Fischfangs, entsteht jährlich durch nicht-nachhaltige Fischerei. Vögel, Schildkröten, Jungfische, Haie und Wale bilden die Mehrheit des Beifangs. 80 Prozent der globalen Fischbestände sind bereits überfischt und vollständig ausgebeutet. Laut Berechnungen der „National Geographic" könnten schon im Jahr 2048 die Ozeane leergefischt sein.

6.5 Wasserverschwendung

Verteidiger der Mischkost kritisieren gerne die Avocado wegen ihres hohen Wasserverbrauchs von 1000 Liter pro Kilo. Eine lächerlich kleine Zahl im Vergleich zu ca. 1 Million Liter Wasser, das bis zur Schlachtung eines Mastschweins verbraucht wird. Vergleicht man tierische und pflanzliche Produkte, so wird erkenntlich, dass pflanzliche sehr viel weniger Wasser in Anspruch nehmen.

Während für ein Kilo Sojabohnen nur 1800 Liter benötigt werden, verbraucht die Produktion von einem Kilogramm Rindfleisch bis zu 15.500 Liter Wasser. Das entspricht der Füllmenge von ca. 128 Badewannen. Diese hohe Menge, mit der man theoretisch ein Jahr lang täglich duschen könnte, setzt sich aus der Bewässerung der Futtermittel sowie dem Trinkwasser der Tiere zusammen. Um 1 Liter Kuhmilch zu produzieren, benötigt man ca. 1.000 Liter Wasser. Insgesamt werden in der Tierindustrie fast 30 Prozent des weltweit genutzten Wassers verwendet.

6.6 Wasserverschmutzung

Sowohl bei der Futtermittelproduktion als auch bei der Tierhaltung kommt es zur Wasserverschmutzung durch Gülle, Pestizide, Herbizide und Medikamente. Diese Verunreinigung kann durch Kläranlagen teilweise nicht gefiltert werden oder gelangt direkt ins Grundwasser. Dies trägt dazu bei, dass die Qualität und Menge des weltweit verfügbaren Trinkwassers sinken.

Die Viehzucht produziert hohe Mengen Gülle, die Grundwasser und Böden unter anderem mit Nitraten und Phosphaten belasten. Laut dem Umweltbundesamt ist die Nitratbelastung im deutschen Trinkwasser so hoch, dass die Kläranlagen bei der Aufbereitung an ihre Grenzen stoßen. Deutschland wurde bereits wegen zu hoher Nitratwerten von der EU-Kommission angeklagt. Ein hoher Nitrat- und Nitrit-Konsum wird mit Blasen-, Nieren-, Schilddrüsen-, Darm-, Eierstock- und Magenkrebs sowie mit Non-Hodgkin-Lymphom in Verbindung gebracht. Wenn Menschen nicht ordnungsgemäß aufbereitetes Wasser trinken, sind sie einem erhöhten Risiko mikrobieller Kontamination ausgesetzt. So zeigte zum Beispiel eine Studie im italienischen Piemont, dass das Hepatitis-E-Virus ins Trinkwasser übergehen kann. Die Verfasser*innen dieser Studie gehen davon aus, dass Schweinedung die Grundwasserreserven sowie lokale Brunnen verunreinigt hat.

6.7 Bodenschäden

Die wachsende Nachfrage nach Fleisch verringert die Bodenfruchtbarkeit durch Überbeanspruchung. Futtermittel werden oft in Monokulturen angebaut, wodurch der Nährstoffgehalt im Boden sinkt. Monokulturen und Überweidung führen zu Bodenverdichtungen und Erosionen. Der Versuch, die Fruchtbarkeit der Böden durch Düngung zu erhalten, verschlimmert nur die Situation. Außerdem sind Monokulturen anfälliger für Schädlinge, weshalb wiederum mehr Pestizide verwendet werden. Dank der Fleischindustrie verlieren immer mehr Böden ihre Fruchtbarkeit, was die künftige Ernährungssicherung gefährdet.

6.8 Luftverschmutzung

Die landwirtschaftliche Tierhaltung produziert große Mengen an Feinstaub und weitere schädliche Stoffe. Unter anderem das starke Umweltgift Ammoniak. Es stammt in Europa zu 90 Prozent aus der Landwirtschaft, wovon der größte Teil bei der Tierhaltung anfällt. Ammoniak entsteht aus den Exkrementen. In den Ställen nimmt es den Tieren die Luft zum Atmen und schädigt ihre Lungen.

Ausgebracht als Gülle trägt es zur Feinstaubbildung und sauren Regen bei.

Die Luftqualität ist in Gegenden rund um Betriebe mit intensiver Tierhaltung oft durch Grob- und Feinstaubpartikel, Gase und Endotoxine beeinträchtigt. Feinstaub, der durch landwirtschaftliche Betriebe verursacht wird, enthält sowohl organische als auch anorganische Partikel und kann beim Menschen gesundheitliche Probleme verursachen. Eine Studie zeigte, dass die Anwohner*innen rund um Betriebe mit intensiver Tierhaltung vermehrt an Atemwegsproblemen litten.

6.9 Ethik

Im Vergleich zur globalen Tierquälerei ist der Holocaust, dem 6 Millionen Säugetiere zum Opfer fielen, ein Witz. Die Lager der Lebensmittelindustrie erstrecken sich über den gesamten Planeten, in denen jährlich ca. 150 Milliarden Tiere gequält und getötet werden. Auf der Website: **http://www.live-counter.com/weltweit-getoetete-tiere/** kannst du die rasant steigenden Zahlen der Massenmorde verfolgen.

Kapitel 7 – Lösung

Der schon oft vorausgesagte Weltuntergang bleibt ein Märchen. Die Erde wird noch sehr lange existieren. Fraglich bleibt nur, ob mit oder ohne Menschheit. Folgendes Szenario ist sehr wahrscheinlich. Der exponentiell ansteigende Zerstörungspfad, den wir aktuell beschreiten, hat seinen Zenit erreicht. Die Menschheit hat sich selbst ausgerottet und die Erde kann endlich wieder durchatmen.

Die urbanen Bereiche werden in nur kurzer Zeit von der Natur zurückerobert, Tierbestände vermehren sich, neue Spezies entstehen, die Luft wird klarer, der Planet grüner, das Klima erholt sich. Ich glaube, dass diese Vision auch mit der Menschheit möglich ist. Die Lösung? Unter anderem Veganismus. Die durch Tierhaltung verursachten Treibhausgase werde sich ca. um 70 Prozent reduzieren, wenn die Menschheit sich vegan ernährt. Daraus resultierend werden sich Ozeane und Wälder erholen. Der einstige Welthunger gehört der Vergangenheit an und viele menschengemachten Krankheiten werden verschwinden bzw. sehr stark reduziert.

7.1 Anerkennung

Die „Academy of Nutrition and Dietetics", ein Zu-
sammenschluss von mehr als 70.000 Ernährungsbe-
rater*innen, Forscher*innen, sowie medizinischen
Fachleuten, hält die vegane Ernährungsform für gesund und nährstofftechnisch angemessen. Zudem
kommen sie zu dem Ergebnis, dass eine pflanzenbasierte Nahrung Gesundheitsvorteile bezüglich
der Prävention und Behandlung von Krankheiten
haben kann. Diese sind für Personen aller Lebens-
abschnitte inklusive Schwangerschaft, Stillzeit,
Säuglingsalter, Kindheit und Jugend sowie für
Sportler*innen geeignet. Dieser Position schließen
sich die australische und die kanadische Ernäh-
rungsorganisation an.

7.2 Gesundheit

Sobald du dich rein pflanzlich ernährst, wirst du
dich fitter, konzentrierter, ausgeglichener und wa-
cher als deine Artgenossen fühlen. Deren Körper
hingen haben mit der Verdauung der schädlichen
Nahrung zu kämpfen, die schwer im Magen liegt
und deren Energie raubt. Eine ballaststoffreiche Ernährung kann das Darmkrebs-Risiko vermindern.
Zu diesem Ergebnis kommt die bislang größte von

der EU finanzierte Studie über das europäische Ernährungsverhalten. Zu einem ähnlichen Ergebnis kommt eine US-Studie an 35 000 Personen. Diese zeigte, dass bei Personen, die am meisten pflanzenfaserreiche Kost verzehren, das Risiko für Dickdarm-Krebs niedriger ist. Zudem wird das Brustkrebsrisiko um 50 Prozent reduziert, wie eine Studie von Karl-Heinrich Adzersen, Arzt an der Frauenklinik in Heidelberg, zeigte.

Das Blut von Menschen mit einer pflanzenbasierten Ernährung stoppt das Wachstum von Krebszellen 8 Mal so stark wie das Blut von Menschen, die die heutige Standarddiät verfolgen. Auch die Cholesterinwerte im Blut sind vor allem bei sich vegan ernährenden Menschen deutlich günstiger. Ursache hierfür ist die nicht vorhandene Zufuhr von tierischen Fetten, die gesättigte Fettsäuren und Cholesterin beinhalten. Stattdessen wird die Zufuhr von einfach und mehrfach ungesättigten Fettsäuren erhöht. Viele pflanzliche Lebensmittel haben einen cholesterinsenkenden Effekt. Diese enthalten lösliche Ballaststoffe, die Cholesterin binden und aus dem Körper transportieren.

Selteneres Übergewicht und günstigere Cholesterinwerte lassen neben anderen Faktoren die Wahrscheinlichkeit für kardiovaskuläre Erkrankungen wie Bluthochdruck, Schlaganfall oder Herzinfarkt sinken. Der Umstieg auf eine pflanzenbasierte Ernährung kann die Bildung der Krankheiten stoppen und sogar umkehren. Das Erkrankungsrisiko für

Diabetes Typ 2 ist ebenfalls herabgesetzt. Patient*innen können mit einer veganen Lebensweise ihre Werte, z. B. Blutzucker und Insulin, verbessern und ihre Medikamentendosis reduzieren oder sogar ganz absetzen. Nach einer Studie der „Deutschen Diabetes Stiftung" liegt bei knapp 80 Prozent aller Diabetiker*innen der Typ 2 vor. Als Auslöser für die Krankheit gilt unter anderem eine fetthaltige Ernährung, welche bei Veganer*innen sehr selten vorkommt. Wer leichter durchs Leben geht, der hat ein geringes Risiko, an den Folgen von Bluthochdruck zu sterben. Das belegen inzwischen zahlreiche Studien, wonach Veganer*innen im Durchschnitt einen niedrigeren Blutdruck als „Nicht-Veganer*innen" aufweisen.

Das liegt zum einen am geringen Körpergewicht, zum anderen enthalten Gemüse und Obst viel Kalium, welches das Blut verflüssigt und somit das Herz entlastet, da es weniger stark pumpen muss. Besonders offensichtlich ist der Befund, dass der Body-Mass-Index von Veganer*innen deutlich häufiger im Normbereich liegt. Die Gründe hierfür sind die höhere Versorgung mit Ballaststoffen sowie die geringere Fettaufnahme. Fleisch, Milchprodukte und Eier enthalten dagegen wenige Ballaststoffe, weswegen Fleischesser häufig unter Verstopfungen leiden. Eine vegane Ernährung reduziert die Giftstoffmenge im Körper und verhindert Antibiotikaresistenzen. Generell werden Medikamente kaum noch benötigt, da Krankheiten ausbleiben.

Wissenschaftler des „Deutschen Instituts für Ernährungsforschung" publizierten im Januar 2021 einen systematischen Übersichtsartikel über den Einfluss von Ernährungsgewohnheiten auf Biomarker, des oxidativen Stresses und der Entzündungsaktivität. Insgesamt wurden 29 Studien ausgewertet, davon 16 Beobachtungsstudien und 13 Interventionsstudien. Es gibt eine Evidenz dafür, dass pflanzenbetonte Ernährungsformen mit einem geringeren oxidativen Stress und einer geringeren Entzündungsaktivität assoziiert sind.

„Eure Nahrung sei eure Medizin und eure Medizin eure Nahrung"

Hippokrates von Kos, „Vater der Heilkunde"

Die „Western Diet" sowie Junkfood begünstigen oxidativen Stress und Entzündungen, welche die bereits erwähnte Arachidonsäure beinhalten. Entzündete Gelenke und die daraus folgenden Knochenkrankheiten haben Veganer*innen somit nicht zu befürchten. Interessant ist auch eine jüngst in „JAMA Intern Medicine" publizierte Studie aus Japan, die das Sterberisiko mit der Herkunft der Proteine in der Nahrung verglich. Am günstigsten waren Proteine aus pflanzlichen Nahrungsmitteln.

7.3 Lebender Beweis

Die japanische Inselgruppe Okinawa beheimatet die weltweit ältesten Menschen, weshalb sie auch oftmals als „Insel der Hundertjährigen" bezeichnet wird. Gleichzeitig erfreuen sich diese Menschen auch im hohen Alter eines deutlich besseren Gesundheitszustandes, als es in der westlichen Gesellschaft der Fall ist. Vorkommen von Herz-Kreislauf-Erkrankungen, Krebs und Demenz sind auf einen nicht nennenswerten Anteil beschränkt. Ihre Ernährung ist fast ausschließlich vegan und zuckerfrei. Weltweit gibts es mehre Völkergruppen, die sich ähnlich ernähren, welche ebenfalls keine Zivilisationskrankheiten erleiden und eine überdurchschnittlich hohe Lebenserwartung haben.

7.4 Nicht unsterblich

Natürlich können Veganer*innen auch an Krebs erkranken und daran sterben. Gesundheitsgefährdungen, wie z. B. Strahlenbelastung, Luftverschmutzung und Mikroplastik, lassen sich im modernen Zeitalter nicht vermeiden. Allerdings kann eine ernährungsbedingte Erkrankung ausgeschlossen werden und somit die generelle Wahrscheinlichkeit an Krebs zu erkranken, stark senken. Das gilt aber nur, wenn man sich bewusst ernährt, da der Begriff „Vegan" nicht als Synonym für gesund verstanden werden darf. Ernährst du dich zwar rein pflanzlich, aber dennoch einseitig und zudem noch überwiegend von Fertigprodukten, schadest du ebenso deiner Gesundheit. Eine Prävention von Krankheiten gelingt durch eine ausgewogene Ernährung, vorzugsweise Bio, um die Aufnahme von Pestiziden zu vermeiden, in Kombination mit regelmäßigem Sport.

7.5 Fazit

Die meisten Menschen sind mit einer Mischkost aufgewachsen, die einen hohen Anteil an Tierprodukten enthält. Daher herrscht der Eindruck, dass es sich dabei um eine normale, ja sogar traditionelle Ernährungsweise handelt, die schon immer so praktiziert wurde. Tatsächlich hat sich der Anteil an Tierprodukten aber erst im Laufe des 20. Jahrhunderts rasant erhöht, weil immer effizientere Zucht- und Produktionsweisen entwickelt wurden. Dadurch sanken die Preise und ermöglichten nun auch dem Mittelstand, welcher zuvor nur sonntags in den Genuss von Fleisch kam, einen täglichen Konsum von Tierprodukten. Dank dieser Entwicklung hat die Gesellschaft ein unnatürlich Essverhalten für normal erklärt. Nur weil es jeder macht, bedeutet es nicht, dass es normal und unbedenklich für die Gesundheit ist. Ebenso ist es normal, eine der gängigen Zivilisationskrankheiten zu bekommen. Wie der Name schon sagt, hat deren Existenz keinen natürlichen Hintergrund. Im Krankheitsfall wird der Zustand einfach hingenommen. Ein Stoßgebet und eine ordentliche Dosis Medikamente werden es schon richten. Würden sich die Menschen rein pflanzlich ernähren, müssten sie keine ernährungsbedingten Zivilisationskrankheiten befürchten.

Die Hauptursache liegt an der mangelhaften Bildung. Es ist unverantwortlich, dass in Schulen die Version der Ernährungspyramide gelehrt wird, die im Grunde nur aus tierischen Produkten besteht. Wissen über die Gesundheitsrisiken wird den Kindern vorenthalten, zumal die Lehrer selbst von der omnivoren Ernährungsform überzeugt sind, da sie in ihrer Schulzeit den gleichen Unsinn gelernt haben. Daher übernehmen die meisten Kinder stumpf die Ernährungsform, welche ihre Eltern ihnen vorgelebt haben. Eine Hinterfragung findet selten statt, zumal die wenigsten nach Beendigung der Schule noch mal ein Buch aufschlagen. Somit vergiften sie sich täglich, ohne sich dessen bewusst zu sein.

Meine Arbeit zeigt eindeutig, dass die Ernährungsform des Durchschnittsmenschen dumm, ignorant, grausam und ekelhaft ist. Ich kann mir absolut nicht vorstellen, wie man nach dem erlangten Wissen jemals wieder tierische Nahrung konsumieren kann. Wer es dennoch tut, dem muss seine Gesundheit und die der Umwelt absolut egal sein. Wie wirst du dich in Zukunft ernähren? Schmeißt du gleich das Buch in die Ecke und schmierst dir erst mal ein Wurstbrot oder wird dein nächster Einkauf von noch nie erworbenen Produkten aus dem Pflanzenreich dominiert? Ernährst du dich weiterhin so extrem ungesund, wie es der Durchschnittsmensch praktiziert, ist es lediglich eine Frage der Zeit, bis du ins Gras beißt. In diesem Sinne:

Go vegan or kill yourself!

Kapitel 8 – Quellen

8.1 Fleisch

Anatomie

https://www.discover-vegan.com/ist-der-mensch-von-natur-aus-ein-fleischfresser/

https://www.freitag.de/autoren/bertamberg/der-mensch-fleisch-oder-pflanzenfresser

https://isswasduliebst.de/warum-wir-keine-fleischfresser-sind-13-unterschiede

Evolution

https://www.aerzteblatt.de/treffer?mode=s&wo=17&typ=1&nid=29760&s=zuckertest

https://www.wissenschaft.de/umwelt-na-tur/von-speichel-staerke-und-intelligenz/

https://www.welt.de/welt_print/ar-ticle1174258/Spucke-brachte-die-Evolution-des-Menschen-in-Schwung.html

Krebs

Report der Arbeitsgruppe:

https://www.thelancet.com/journals/lanonc/ar-ticle/PIIS1470-2045(15)00444-1/fulltext

Zusammenfassung:

https://www.krebsinformationsdienst.de/aktuel-les/2015/news79-iarc-fleisch.php

Krebsrisiko senken:

https://www.peta.de/veganleben/krebs-vegane-ernaehrung/

International Agency for Research on Cancer (2015): ARC Monographs evaluate consumption of red meat and processed meat.

Diabetes

Newman T., Eating meat may increase risk of non-alcoholic fatty liver disease, Medical News Today, 21. April 2017

https://www.zentrum-der-gesundheit.de/krankheiten/weitere-erkrankungen/fettleber/fettleber-fleisch

Cholesterin

Definition:

https://www.herzstiftung.de/ihre-herzgesundheit/gesund-bleiben/cholesterin/was-ist-cholesterin

Todesursache:

https://www.amgen.de/medien/news/378/herz-kreislauf-erkrankungen-sind-todesursache-nummer-1-in-deutschland/

Herz-Kreislauf-Erkrankungen

http://www.hortipen-
dium.de/Obst_und_Gem%C3%BCse_%E2%80%93
_Studien_zu_Herzkreislauferkrankung

Alzheimer

Studie:

https://pubmed.ncbi.nlm.nih.gov/29701155/

Zusammenfassung:

https://www.gesundheitstrends.com/a/health-
news/fleisch-demenz-alzheimer-23804

Chemische Verbindungen

http://www.gesundheits-lexikon.com/Ernaeh-
rung-Diaeten/Lebensmittelqualitaet-/Grillen.html

Lebensmittelinfektionen

https://www.bfr.bund.de/de/presseinforma-tion/2005/06/salmonellen_im_schweine-fleisch___nach_wie_vor_ein_risiko-6072.html

Zoonosen

https://www.mdr.de/wissen/studie-zoonosen-durch-umweltzerstoerung-100.html

Antibiotika

Bowinkelmann, F. (2013): Antibiotika in der Tier-haltung. W wie Wissen (ARD).

https://www.gesundheitsforschung-bmbf.de/de/multiresistente-erreger-in-lebensmit-teln-viele-fleischprodukte-sind-belastet-2814.php

https://science.sciencemag.org/con-tent/365/6459/1251

Männlichkeits-Mythos

https://www.zentrum-der-gesundheit.de/krankheiten/maennerkrankheiten/testosteronmangel/testosteronspiegel-steigt-mit-dieser-ernaehrung

Protein

Young VR, Pellett PL. Plant proteins in relation to human protein and amino acid nutrition. Am J Clin Nutr. 1994 May;59(5 Suppl):1203S-1212S.

Entzündungen

https://www.dr-johanna-budwig.de/wissenswertes/chronische-entzuendungen-und-ernaehrung/

https://www.diaetologen.at/ernaehrungsinfo/erhoehte-harnsaeure/

Nährstoff-Mythos

https://www.peta.de/veganleben/vegan-naehrstoffe/

Vitamin B12

Definition:

https://www.dge.de/index.php?id=1023

Mangel:

https://www.vegan.eu/fleisch-esser_naehrstoffmangel/

https://www.vegpool.de/magazin/vegan-b12-luege.html

Böden/Mönche:

PDF Vitamin B12 Faktenblatt

https://www.google.com/url?sa=t&rct=j&q=&esrc=s&source=web&cd=&ved=2ahU-KEwjFqNqt0fDvAhXxg_0HHZWlAaMQF-jAAegQIBhAD&url=https%3A%2F%2Fgesund-heit-heute.ch%2Fwp-content%2Fuplo-ads%2F2017%2F04%2Fvitamin_b12_faktenblatt-2.pdf&usg=AOvVaw1rmNZqpfNOFy-xeyQX2W3E4

Depressionen

Nucci D, Fatigoni C et al.: Red and Processed Meat Consumption and Risk of Depression: A Systematic Review and Meta-Analysis; Int J Environ Res Public Health.

Manije Darooghegi Mofrad, Hadis Mozaffari et al.: The association of red meat consumption and mental health in women: A cross-sectional study; Complement Ther Med 2021

Ethik

https://www.petazwei.de/fleisch

https://www.quarks.de/umwelt/land-
wirtschaft/wie-teuer-muesste-fleisch-aus-art-
gerechter-haltung-sein/

8.2 Milch

Knochen

Schumann, L., Martin, H. H. & Keller, M. (2014).
Calcium, Milch und Knochengesundheit – Behaup-
tungen und Fakten. Ernährung im Fokus 14 (11-
12), 326-31. Außerdem: schriftlicher Austausch mit
Dr. Markus Keller (2014).

O'Keefe JH, Bergman N, Carrera-Bastos P, Fontes-
Villalba M, DiNicolantonio JJ, Cordain L. Nutri-
tional strategies for skeletal and cardiovascular
health: hard bones, soft arteries, rather than vice
versa. Open Heart. 2016;3(1):e000325.
doi:10.1136/o/penhrt-2015-000325.

Appleby P, Roddam A, Allen N, Key T. Comparative fracture risk in vegetarians and nonvegetarians in EPIC-Oxford. Eur J Clin Nutr. 2007 Dec;61(12):1400-6. Epub 2007 Feb 7.

Weaver CM. Should dairy be recommended as part of a healthy vegetarian diet? Point. Am J Clin Nutr. 2009 May;89(5):1634S-1637S. doi: 10.3945/ajcn.2009.26736O. Epub 2009 Mar 25.

Ho-Pham LT, Nguyen ND, Nguyen TV. Effect of vegetarian diets on bone mineral density: a Bayesian meta-analysis. Am J Clin Nutr. 2009 Oct;90(4):943-50. doi: 10.3945/ajcn.2009.27521.

Burckhardt P. The role of low acid load in vegetarian diet on bone health: a narrative review. Swiss Med Wkly. 2016 Feb 22;146:w14277. doi: 10.4414/smw.2016.14277. eCollection 2016.

Appleby P, Roddam A, Allen N, Key T. Comparative fracture risk in vegetarians and nonvegetarians in EPIC-Oxford. Eur J Clin Nutr. 2007 Dec;61(12):1400-6. Epub 2007 Feb 7.

Herrmann D, Hebestreit A, Ahrens W. Impact of physical activity and exercise on bone health in the life course : a review.

Feskanich D et al., Milk, dietary calcium, and bone fractures in women: a 12-year prospective study, Am J Public Health. 1997 Jun;87(6):992-7.

Sellmeyer DE et al., A high ratio of dietary animal to vegetable protein increases the rate of bone loss and the risk of fracture in postmenopausal women. Study of Osteoporotic Fractures Research Group, Am J Clin Nutr. 2001 Jan;73(1):118-22.

Calcium in the Vegan Diet by Reed Mangels
http://www.vrg.org/nutrition/calcium.php#r8

Entzündungen

https://www.z0entrum-der-gesund-heit.de/ernaehrung/lebensmit-tel/milchprodukte/milch-krankheiten-ia

Unverträglichkeit

Fairfield KM et al., A prospective study of dietary lactose and ovarian cancer, Int J Cancer. 2004 Jun 10;110(2):271-7

Larsson SC et al., Milk, milk products and lactose intake and ovarian cancer risk: a meta-analysis of epidemiological studies, Int J Cancer. 2006 Jan 15;118(2):431-41

Larsson SC et al., Milk and lactose intakes and ovarian cancer risk in the Swedish Mammography Cohort, Am J Clin Nutr. 2004 Nov;80(5):1353-7

Kinderkrankheiten

https://www.worldsoffood.de/gesundes-und-bio/ratgeber-gesundheit/item/597-die-milch-macht%E2%80%99s-us-studie-pasteurisierte-milch-ist-krebserregend.html

Akne

Melnik, B. (2009): Milk consumption: aggravating factor of acne and promoter of chronic diseases of Western societies.

In: Journal der Deutschen Dermatologischen Gesellschaft. 2009 Apr; 7(4): 364-70.

Melnik BC. Evidence for acne-promoting effects of milk and other insulinotropic dairy products, Nestle Nutr Workshop Ser Pediatr Program. 2011;67:131-45.

Danby FW, Nutrition and acne, Clin Dermatol. 2010 Nov-Dec;28(6):598-604

Melnik BC, Schmitz G, Role of insulin, insulin-like growth factor-1, hyperglycaemic food and milk consumption in the pathogenesis of acne vulgaris, Exp Dermatol. 2009 Oct;18(10):833-41.

Sucht

https://www.drpetrabracht.de/blog/fasten-
ernaehrung-gewicht/sucht-nach-kaese/

Diabetes

Laugesen M, Elliott R, Ischaemic heart disease,
Type 1 diabetes, and cow milk A1 beta-casein, N Z
Med J. 2003 Jan 24;116(1168):U295.

Gerstein HC, Cow`s milk exposure and type I dia-
betes mellitus. A critical overview of the clinical lit-
erature, Diabetes Care. 1994 Jan;17(1):13-9

Wasmuth HE, Kolb H, Cow`s milk and immune-
mediated diabetes, Proc Nutr Soc. 2000
Nov;59(4):573-9

Alves JG. et al., Breastfeeding Protects Against
Type 1 Diabetes Mellitus: A Case-Sibling Study,
Breastfeed Med. 2011 Aug 5

https://utopia.de/ratgeber/tierisches-lab-was-der-begriff-bei-kaese-bedeutet

Cramer DW, Lactase persistence and milk consumption as determinants of ovarian cancer risk, Am J Epidemiol. 1989 Nov;130(5):904-10

Danby FW, Acne, dairy and cancer: The 5alpha-P link, Dermatoendocrinol. 2009 Jan;1(1):12-6

Kleinberg DL, Barcellos-Hoff MH, The pivotal role of insulin-like growth factor I in normal mammary development, Endocrinol Metab Clin North Am. 2011 Sep;40(3):461-71, vii

Georg Loss, PhD, Martin Depner, PhD et al.,"Consumption of unprocessed cow`s milk protects infants from common respiratory infections", Journal of Allergy and Clinical Immunology, 2014

Prof. Karl Michalsson et al., Milk intake and risk of mortality and fractures in women and men: cohort studies, British Medical Journal, Oktober 2014

Dr. Diane Feskanich et al., Milk Consumption During Teenage Years and Risk of Hip Fractures in Older Adults, JAMA Pediatrics, November 2013

Früher Tod

https://www.zentrum-der-gesundheit.de/ernaehrung/lebensmittel/milchprodukte/milch-krankheiten-ia

Ethik

https://proveg.com/de/5-pros/tiere/milch-kuehe-kuhhaltung-milchproduktion/

https://www.peta.de/themen/im-schlachthof/

Profit

http://www.vegan-news.de/milch-subventionen/

8.3 Eier

Gesundheitsrisiken

https://www.vegpool.de/magazin/warum-vega-ner-keine-eier-essen.html

https://www.petazwei.de/ernaehrung

Ethik

https://www.peta.de/themen/eier-kueken-ster-ben/

https://www.peta.de/themen/eier-industrie/

8.4 Fisch

https://www.balancebeautytime.com/ernaeh-rung/fisch-essen-macht-krank

Omega 3

https://www.medpertise.de/news/wie-gesund-omega-3-fettsaeuren/

https://www.vegpool.de/magazin/fisch-gut-fuers-herz.html

Parasiten

Medizin.de (2017): Anisakiasis: Wenn Würmer auf dem Fisch krabbeln. Internetquelle abrufbar unter: https://www.medizin.de/ratgeber/anisa-kiasis.html

https://www.n-tv.de/wissen/Arzte-warnen-vor-Parasiten-im-Sushi-article19842058.html

Verderb

https://www.balancebeautytime.com/ernaeh-rung/fisch-essen-macht-krank

Giftstoffe

„Die verKREBSte Generation – Band 1: Krebserregende Chemikalien und Gifte in Lebensmitteln"

https://www.verbraucherzentrale-niedersachsen.de/themen/ernaehrung-lebensmittel/schadstoffe/dioxin-pcb-lebensmitteln

Umwelt Bundesamt (2016): Häufige Fragen zu Quecksilber. Internetquelle abrufbar unter: https://www.umweltbundesamt.de/themen/gesundheit/umwelteinfluesse-auf-den-menschen/chemische-stoffe/haeufige-fragen-zu-quecksilber#textpart-1

Kill your baby

https://istdasvegan.eu/2018/05/die-gesundheitsluege-lachs-ist-eines-der-giftigsten-lebensmittel-der-welt/

Ethik

https://www.peta.de/themen/aquarium-fische/

8.5 Umwelt

Gerber, P.J./Steinfeld, H./Henderson, B./Mottet, A./Opio, C./Dijkman, J./Falcucci, A./Tempio, G. (2013): "Tackling Climate Change through Livestock – A global assessment of emissions and mitigation opportunities". Rom: Food and Agriculture Organization of the United Nations (FAO).

Livestock's long shadow. Environmental issues and options. Goodland, R. & Anhang, J.

Livestock and Climate Change: What if the key actors in climate change were pigs, chickens and cows?

Treibhausgase

Daten: 1 Rind = 200 L Methan/ Tag | 200 L Methan = 18.000 Km mit Kleinwagen (Klimaschaden) | DE hat 12.635.456 Rinder (2015) | Äquatorialer Erdumfang = 40.075,017

GRAIN, Institute for Agriculture and Trade Policy and Heinrich Böll Foundation (2017): "Big meat and dairy's supersized climate footprint".

Flächennutzung

Greenpeace-Report: Weniger ist mehr

https://www.peta.de/themen/umwelt/

Ressourcenverschwendung

Heinrich Böll Stiftung: Fleischatlas Extra

Welthunger

https://www.peta.de/veganleben/welthunger/

Wasserverschwendung

https://www.pnas.org/content/113/15/4146.full

Wasserverschmutzung

https://www.peta.de/themen/umwelt/

Bodenschäden

Beste, A./ Häusling, M. (Hrsg.) (2015): „Down to Earth – Der Boden, von dem wir leben".

https://www.peta.de/themen/umwelt/

Luftverschmutzung

Brunekreef, B. et al. (2015): "Reducing the health effect of particles from agriculture". In: The Lancet, 3, S. 831 f.

Popp, A. et al. (2010): „Food consumption, diet shifts and associated non-CO2 greenhouse gases from agricultural production".

Greenpeace-Report: Weniger ist mehr

https://www.peta.de/themen/umwelt/

8.6 Lösung

WWF Deutschland: Klimawandel auf dem Teller

https://www.google.com/url?sa=t&rct=j&q=&esrc=s&source=web&cd=&ved=2ahU-KEwjGw675uJvwAhWLDOwKHdBKD7YQF-jASegQICxAD&url=https%3A%2F%2Fwww.wwf.

de%2Ffileadmin%2Fuser_upload%2FKlimawan-
del_auf_dem_Tel-
ler.pdf&usg=AOvVaw1o2__W7fiThsozt5f0J8S0

Anerkennung

https://www.peta.de/veganleben/ada/

Gesundheit

Craig WJ. Health effects of vegan diets.

Lebender Beweis

Willcoxa D.C., Scapagninid G., Willcoxb B.J.
Healthy aging diets other than the Mediterranean:
A Focus on the Okinawan Diet. Mechanisms of
Ageing and Development (2014). Vol. 136-137:
148–162.

Zeitfracht Medien GmbH
Ferdinand-Jühlke-Straße 7
99095 Erfurt, Deutschland
produktsicherheit@kolibri360.de